PIANO
Adventures® *de Nancy y Randall Faber*

NIVEL 5

EL MÉTODO BÁSICO PARA PIANO

T0057133

Este libro pertenece a: ⎯⎯⎯⎯⎯⎯⎯⎯⎯⎯⎯⎯⎯⎯⎯⎯⎯⎯⎯

Traducido y editado por Isabel Otero Bowen
y Ana Cristina González Correa

Agradecimiento a Mintcho Badev y Mauricio Ramírez
Coordinador de producción: Jon Ophoff
Portada e ilustraciones: Terpstra Design, San Francisco
Grabado y tipografía: Dovetree Productions, Inc.

ISBN 978-1-61677-689-3

ÍNDICE

	Lecciones y teoría	Técnica e interpretación
UNIDAD 1 — DO SOL FA MAYOR		
1 Tonalidades de DO, SOL y FA mayor		
Escalas de DO, SOL y FA mayor con las manos juntas	4	4, 6
Pequeña marcha (Türk)/Repaso de los acordes de I, IV y V7	5	4, 7
El bajo Alberti/Espejo de agua (forma ternaria)	6-7	5, 8-9
Pajarito gris (síncopas)	8-9	5, 9
La mañana (Grieg)	10-11	10-11
El bajo "caminante" (ritmo de *swing*)	12-13	
TEORÍA: Escribe las escalas de DO, SOL y FA mayor	14	
TEORÍA: Armonización con acordes de I, IV y V7/Entrenamiento auditivo	15	
UNIDAD 2		
2 El intervalo de séptima		
El intervalo de séptima (7.ª)	16	
Ejercicios con intervalos/*Blues* con séptimas (tiempo común)	17	12
Eclipse lunar (*tenuto*)	18-19	13
El jinete cosaco (tiempo binario)	20-21	14-15
La tierra del abedul plateado (ostinato)	22	
TEORÍA: Reconocimiento y escritura de séptimas	23	
UNIDAD 3		
3 El tresillo		
El tresillo/Sonatina en DO (Duncombe)	24-25	16, 17
Malagueña (Sarasate, *ff*)	26-28	18-19
TEORÍA: Ritmos de tresillos/Entrenamiento auditivo	29	
UNIDAD 4 — LA MENOR		
4 Tonalidad de LA menor		
Escalas de LA menor: natural y armónica/Acordes básicos: i, iv, V7	30-31	
Marcha eslava (Tchaikovsky)	32	
Líneas adicionales	33	20
Fiesta España (*sfz*)	34-35	21
Cifrado para *Greensleeves*	36-37	22-23
TEORÍA: Escribe las escalas de LA menor: natural y armónica/Entrenamiento auditivo	38	
TEORÍA: Armonización en LA menor: acordes de i, iv y V7	39	
UNIDAD 5 — RE MENOR		
5 Tonalidad de RE menor		
Escalas de RE menor: natural y armónica/Acordes básicos: i, iv, V7	40-41	
El campamento de gitanos (*molto*)	42-43	24-27
El *blues* del marinero	44-45	28, 29
TEORÍA: Escribe las escalas de RE menor: natural y armónica/Entrenamiento auditivo	46	30-31
TEORÍA: Armonización en RE menor: acordes de i, iv y V7	47	

6 **UNIDAD**

6 Signos de compás: $\frac{3}{8}$ y $\frac{6}{8}$

	lecciones y teoría	Técnica e interpretación
El compás de $\frac{3}{8}$, Patrones rítmicos/La mar estaba serena	48-49	32
El compás de $\frac{6}{8}$, Patrones rítmicos/Vienen los Campbell	50-51	33
Cielito lindo	52-53	34-35
Funiculí, funiculá (Denza, $\frac{6}{8}$ rápido)	54-55	36-37
TEORÍA: Ejercicios rítmicos en $\frac{3}{8}$ y $\frac{6}{8}$	56-57	

7 **UNIDAD**

7 La escala de RE mayor

La escala de RE mayor/Acordes básicos: I, IV, V7	58-59	
Allegro en RE mayor (Hook, forma binaria)	60-61	38-39
Tema de Tchaikovsky (*dolce* y *subito*)	62-63	40-43
TEORÍA: Escribe la escala de RE mayor/Entrenamiento auditivo	64	
TEORÍA: Armonización en RE mayor: acordes de I, IV y V7	65	

8 **UNIDAD**

8 La escala cromática

La escala cromática	66	44
El gato callejero	67	44-45
El fantasma de las teclas (*acciaccatura*)	68-70	46-47
TEORÍA: Escribe la escala cromática/Entrenamiento auditivo	71	

9 **UNIDAD**

9 Arpegios de una octava

Arpegios de una octava	72	
Leyenda	73	48
El vals del sauce	74-75	49
TEORÍA: Nombra los arpegios de una octava/Entrenamiento auditivo	76	

10 **UNIDAD**

10 Acordes en inversión

Las 12 tríadas mayores y menores	77	
Liebestraum (Liszt, compás de $\frac{6}{4}$, acorde arpegiado)	78-79	
Acordes en inversión: tres posiciones para las tríadas/Estudio de inversiones	80-81	
Gavota (Carr)	82	50
El retorno (Gurlitt)	83	51
Ceremonia de paz (*loco*)	84-85	52-53
TEORÍA: Test de inversiones/Tabla de inversiones/Entrenamiento auditivo	86-87	

11 **UNIDAD**

11 Semicorcheas

Las semicorcheas	88	54
TEORÍA: Escribe ritmos con semicorcheas/Entrenamiento auditivo	89	
Rabia por un centavo perdido (Beethoven)	90-91	55, 56
El Canon de Pachelbel	92-95	57-63
Certificado de mérito	96	

Escalas de DO, SOL y FA mayor
con las manos juntas

- Toca estas escalas primero con manos separadas y luego, **lentamente**, **con las manos juntas**.

- Toca las escalas con musicalidad: haz *crescendo* al subir y *diminuendo* al bajar.

Escala de DO mayor   *Los dedos 3 tocan juntos.*

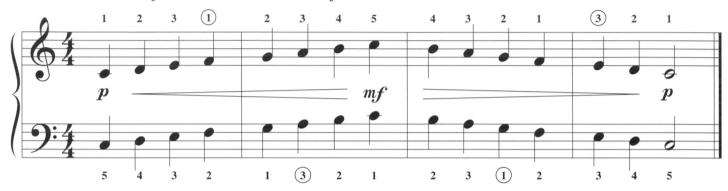

Escala de SOL mayor   *Los dedos 3 tocan juntos.*

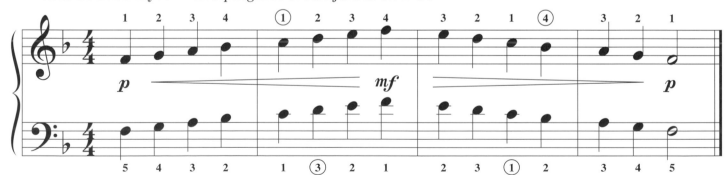

Escala de FA mayor   *Los pulgares tocan juntos en DO.*

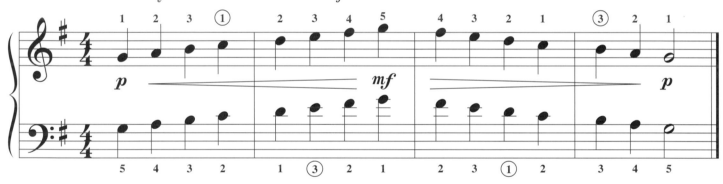

Retos con las escalas de DO, SOL y FA mayor
En tus próximas clases, ¡intenta vencer estos desafíos adicionales!

1. Toca cada escala con las manos juntas y **con los ojos cerrados**.

2. Toca cada escala 5 veces con las **manos juntas**.
   Comienza en la octava MÁS BAJA.
   SUBE una octava en cada repetición.

EL GRAN EJERCICIO DE CALENTAMIENTO DE ESCALAS

Técnica e interpretación, página 4 (Dedos pirotécnicos), página 6 (Gimnasia con escalas)

- Después de aprendida, transpón la canción a **SOL mayor** y **FA mayor** (no olvides el FA♯ y el SI♭). Fíjate que el pulgar de la M.I. comienza en la *tónica* y luego baja a la *sensible*.

Pequeña marcha

Tonalidad de _____ mayor

Daniel Gottlob Türk
(1750-1813, Alemania)
versión original

Allegro (♩ = 132-152)

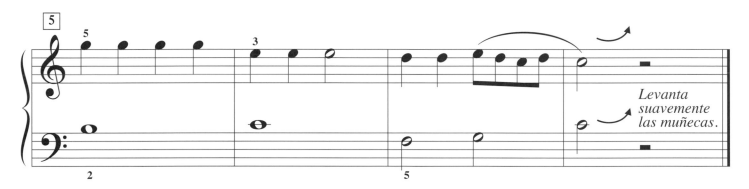

Levanta suavemente las muñecas.

Repaso de los acordes de I, IV y V7

Los acordes de **I**, **IV** y **V7** son los **acordes básicos** (los más importantes) en todas las tonalidades.

- Repasa estos acordes de I, IV y V7 en SOL mayor.
  Luego transpón el ejercicio a **DO mayor** y **FA mayor**.

Acordes en bloque

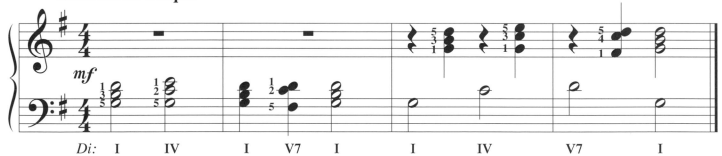

Di: I   IV   I   V7   I   I   IV   V7   I

- Repasa estos acordes de I, IV y V7 en FA mayor.
  Luego transpón el ejercicio a **SOL mayor** y **DO mayor**.

Patrón de vals

Di: I   IV   I   V7   I

El bajo Alberti

El *bajo Alberti* es un patrón muy común de acordes quebrados que lleva el nombre del compositor italiano Domenico Alberti.

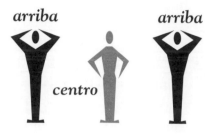

* Fíjate en el patrón: abajo-arriba-centro-arriba.

Ejercicio de calentamiento

acorde de I

acorde de IV

acorde de V7

* Toca el ejemplo del acorde de I para terminar.

La forma ternaria, o forma ABA

Las piezas escritas en forma ternaria o **ABA** tienen tres secciones: sección **A**, sección **B** y sección **A** repetida. Cuando la sección A se repite con cambios la llamamos **A¹**.

Espejo de agua

Tonalidad de _____ mayor

* Escribe **A**, **B** o **A¹** en los cuadros.

Andante (♩ = 112-120)

(pulgar ligero)

Técnica e interpretación, página 5 (El cantante), páginas 8-9 (Hace mucho, mucho tiempo)

¿Esta sección es **A** o **A¹**?

(levanta suavemente)

DESCUBRIMIENTO

¿Puedes transponer los *compases 1-8* a la tonalidad de **SOL mayor**?
¡Felicitaciones! Estás transponiendo música que se sale de los patrones de 5 dedos.

Las **síncopas** ocurren cuando acentuamos notas que están ENTRE los tiempos del compás.

- Marca el ritmo y cuenta en voz alta junto con tu profesor. Fíjate en la síncopa que hay en el segundo compás.

- Ahora toca el ejercicio tres veces sobre un acorde de **I**, un acorde de **IV** y un acorde de **V7** en **SOL mayor**.

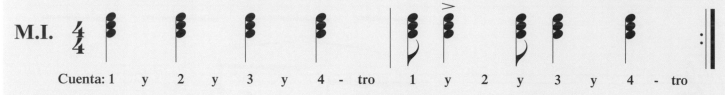

Cuenta: 1   y   2   y   3   y   4 - tro   1   y   2   y   3   y   4 - tro

Alteraciones accidentales

Los bemoles y sostenidos que aparecen en la música y no están en la armadura se llaman **alteraciones accidentales**. El becuadro (♮) también es una alteración accidental.

- Muéstrale a tu profesor una alteración accidental en esta pieza.

Pajarito gris

Tonalidad de _____ mayor

Canción tradicional de Haití
adaptación

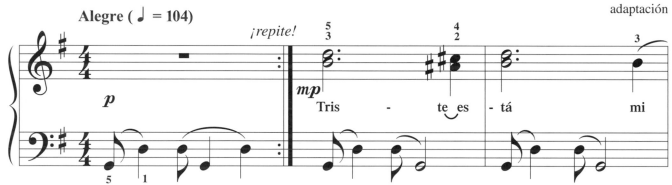

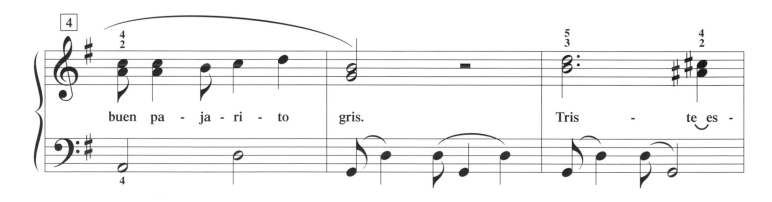

¡Sube con la M.I.!

✎Técnica e interpretación, página 5 (Dedos de resorte), página 9 (Procesión en SOL mayor)

Revisa la armonía: escribe I, IV o V7 en los cuadros de los *compases 10-17*. ¿Puedes transponer esta pieza a **DO mayor**? Tu profesor te ayudará.

9

Esta pieza forma parte de la música que Edvard Grieg escribió para la obra de teatro *Peer Gynt* de Henrik Ibsen. Este divertido cuento popular relata las aventuras de Peer Gynt, un muchacho que vivía en las montañas de Noruega, durante sus viajes por todo el mundo.

La mañana fue escrita para el 4.º acto de la obra, cuando Peer Gynt se encuentra en África.

- Primero toca con manos separadas, observando la digitación y los cambios de acordes.

La mañana

Tonalidad de _____ mayor

Edvard Grieg
(1843-1907, Noruega)
adaptación

Moderado (♩ = 100-120)

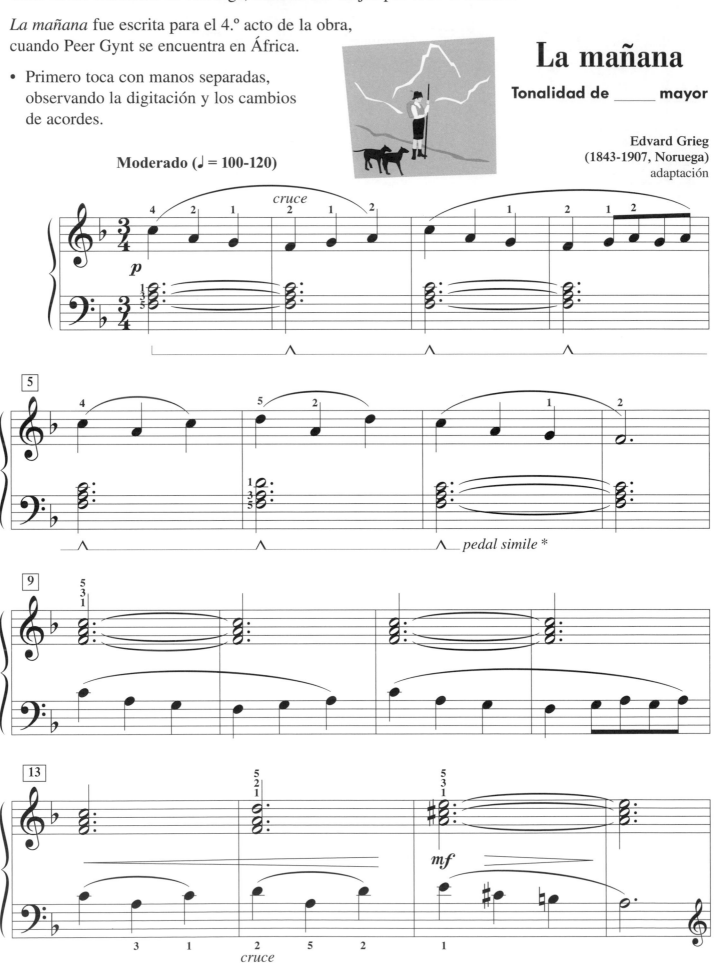

* Sigue usando el pedal de la misma manera.

✎ Técnica e interpretación, páginas 10-11 (Marcha Alexander)

Ritmo de *swing* (común en el *jazz* y el *blues*)

En el **ritmo de *swing*** la primera de cada dos corcheas se toca más larga,
y la segunda más corta.*

- Tu profesor marcará estas corcheas en ritmo de *swing*. ¡Ahora háganlo juntos!

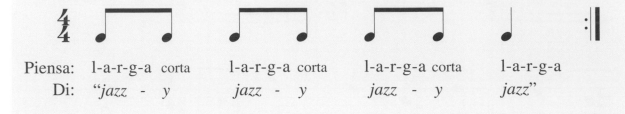

Piensa: l-a-r-g-a corta   l-a-r-g-a corta   l-a-r-g-a corta   l-a-r-g-a
Di: "*jazz - y*   *jazz - y*   *jazz - y*   *jazz*"

*Nota para el profesor: ♫ = ♩³♪

Ejercicio de calentamiento para el ritmo de *swing*

- Primero toca las **corcheas iguales** con la M.I.
  Los círculos te indicarán los cambios de posición.

- Luego toca con ambas manos, haciendo el **ritmo
  de *swing***: toca las corcheas usando el patrón
  rítmico *larga-corta*.

Cuando la **indicación de tempo** incluye la palabra *swing*,
debemos tocar las corcheas usando el patrón rítmico
larga-corta, en ritmo de *swing*.

El bajo "caminante"

Swing moderado (♩ = 108-116)

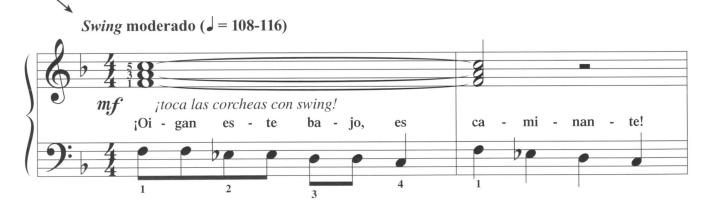

mf   *¡toca las corcheas con swing!*
¡Oi - gan   es - te   ba - jo,   es   ca - mi - nan - te!

¡Prepara el acorde de IV!

¡Bai - len   con   el   ba - jo, es   e -   mo - cio - nan - te!

Acompañamiento para el profesor:

Escribe las escalas de DO, SOL y FA mayor

La escala mayor tiene 7 notas llamadas **grados**.
Una escala está formada de tonos y semitonos.

Repaso: los semitonos están entre los *grados 3-4* y los *grados 7-8**.
Todos los demás intervalos son tonos enteros.

∨ = semitono
⊔ = tono

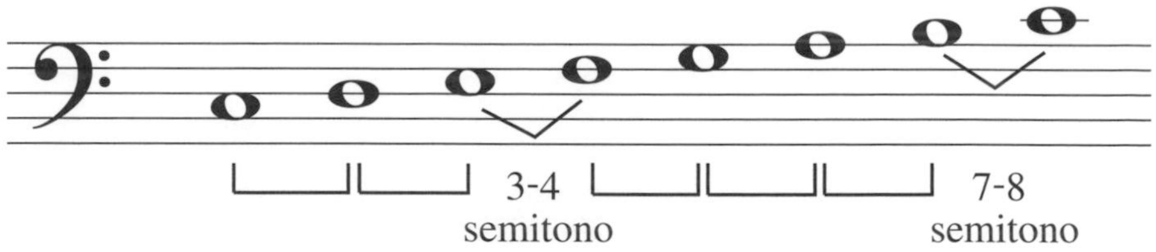

1. • Escribe las siguientes escalas. Escribe los números de los grados de 1 a 8.
• Usa ⊔ para señalar los *tonos*. Usa ∨ para señalar los *semitonos*.

DO mayor

grados: 1 ___ ___ ___ ___ ___ ___ ___ ___

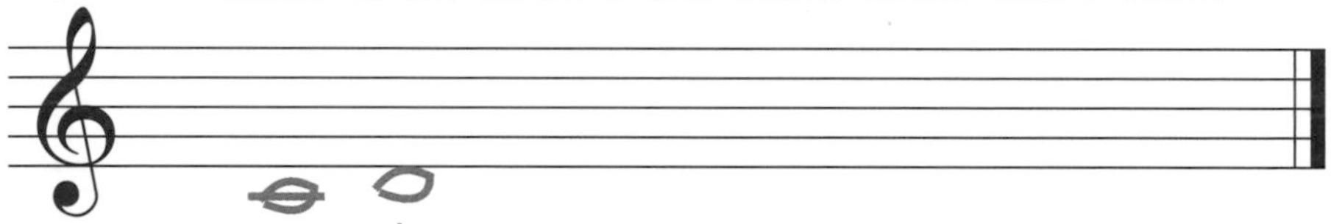

tono/semitono: ⊔

SOL mayor

grados: ___ ___ ___ ___ ___ ___ ___ ___

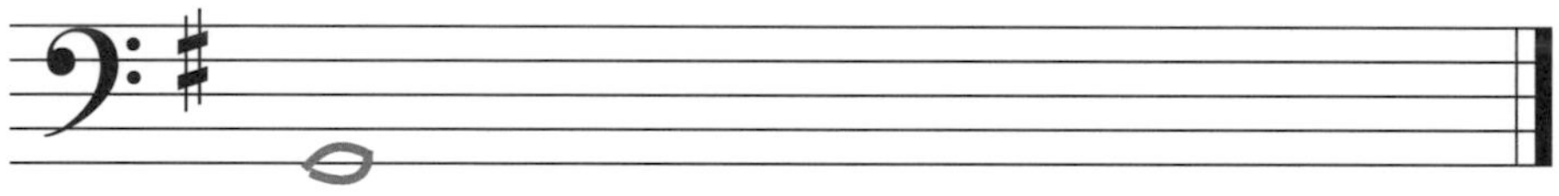

tono/semitono:

FA mayor

grados: ___ ___ ___ ___ ___ ___ ___ ___

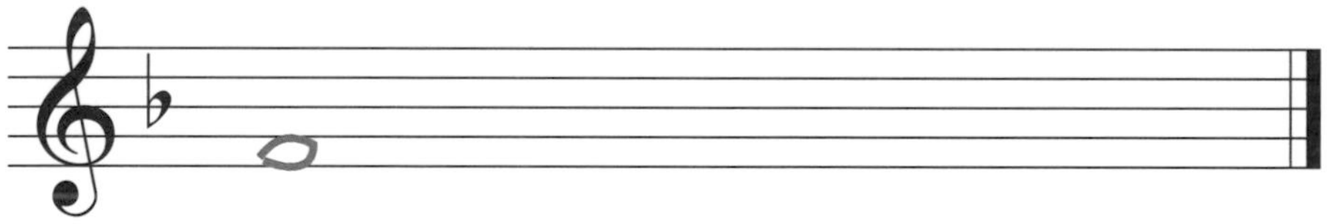

tono/semitono:

2. Nombra las tonalidades. Luego encierra en un círculo el símbolo correcto del acorde: **I**, **IV** o **V7**.

Tonalidad de _____

a. 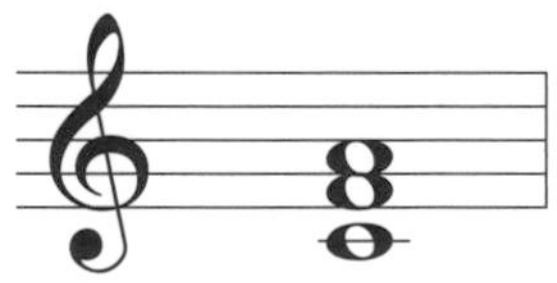

I, **IV** o **V7**

Tonalidad de _____

b. 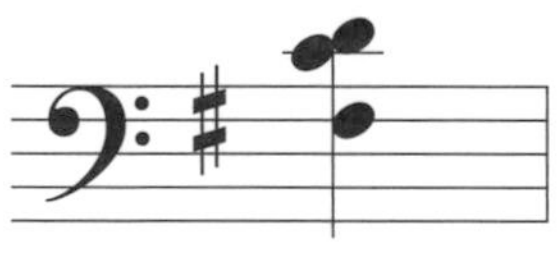

I, **IV** o **V7**

Tonalidad de _____

c. 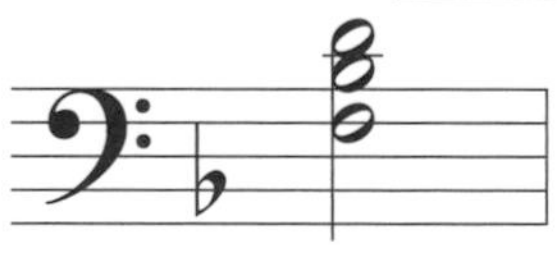

I, **IV** o **V7**

Tonalidad de _____

d. 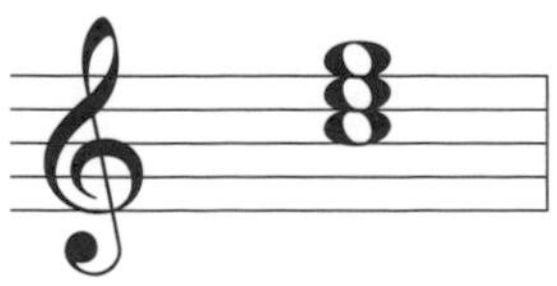

I, **IV**, o **V7**

Tonalidad de _____

e. 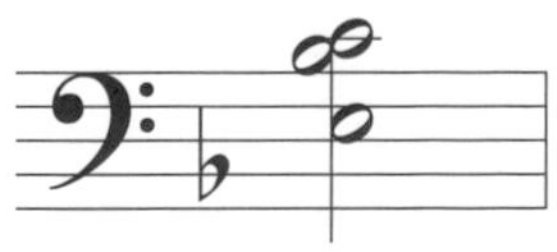

I, **IV**, o **V7**

Tonalidad de _____

f. 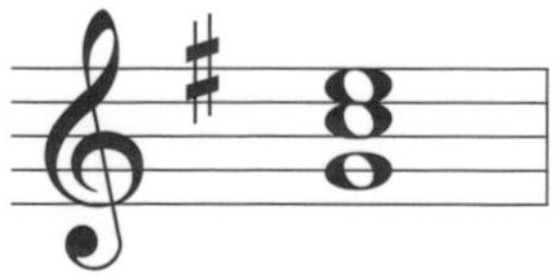

I, **IV** o **V7**

Tonalidad de _____

g. 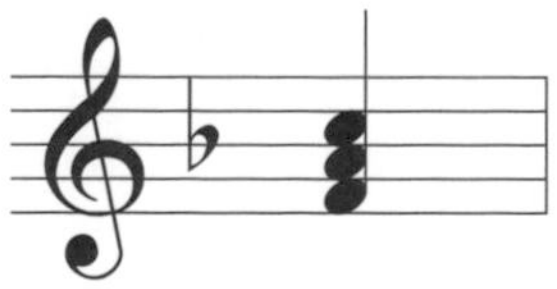

I, **IV** o **V7**

Tonalidad de _____

h. 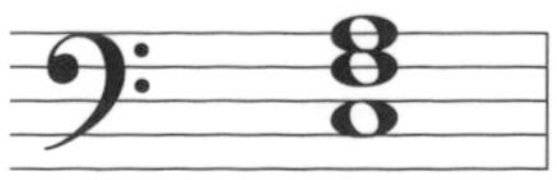

I, **IV** o **V7**

* El 1.er grado se repite al final de la escala y en este contexto podemos también llamarlo el grado 8.

Armonización con acordes de I, IV y V7

3. Podemos **armonizar** una melodía con los **acordes de I**, **IV** y **V7**. Toca y *escucha* cada ejemplo.

Usa el acorde de **I** para los grados 1-3-5.

Usa el acorde de **IV** para los grados 1-4-6.

Usa el acorde de **V7** para los grados 2-4-5.

4.
- Fíjate en la armadura y luego toca cada una de las melodías.
- Ahora armonízalas escribiendo **I**, **IV** o **V7** en los cuadros.
- Toca cada melodía con acompañamiento de acordes en la M.I.

¡Armoniza!

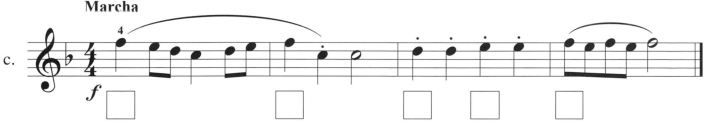

5. Cierra los ojos y *escucha*. Tu profesor tocará el ejemplo **a** o **b**.
Abre los ojos y encierra en un círculo el patrón que escuchaste.

Nota para el profesor: toque los ejemplos en DO, SOL o FA mayor.
Puede tocar acordes en bloque o bajo Alberti.

1a.	I V7 I V7
o	
b.	I V7 V7 I

2a.	I IV I V7
o	
b.	I I I IV

3a.	I IV IV I
o	
b.	I IV V7 I

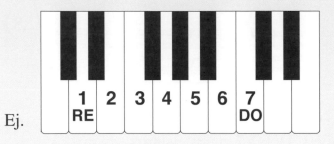

El intervalo de séptima (7.ª)

Repaso: Un intervalo es la distancia entre 2 notas en el teclado o en el pentagrama.
Nuevo: El intervalo de **7.ª** abarca 7 teclas y 7 notas diferentes.

- Toca el siguiente intervalo (RE subiendo a DO). Escucha su sonido.

Una 7.ª abarca una tecla menos que una octava.

Ej.

1. Encuentra las séptimas

Toca las siguientes séptimas en el piano:

- Toca un MI con el dedo 5 de la M.I.
  Toca una 7.ª hacia arriba. ¿Es un RE?

- Toca un LA con el dedo 5 de la M.I.
  Toca una 7.ª hacia arriba. ¿Es un SOL?

- Toca un FA con el dedo 5 de la M.D.
  Toca una 7.ª hacia abajo. ¿Es un SOL?

- Toca un SI con el dedo 5 de la M.D.
  Toca una 7.ª hacia abajo. ¿Es un DO?

2. Lee las séptimas

¿Qué tiene en común el intervalo de 7.ª con los intervalos de tercera (3.ª) o quinta (5.ª)?
Siempre va *de una línea a otra línea* o *de un espacio a otro espacio*.

- Toca con la M.D.
  y ¡escucha!

3. Escucha las séptimas

- Cierra los ojos y escucha. Tu profesor tocará un intervalo de **3.ª**, **5.ª** o **7.ª**.

- Nombra el intervalo que oyes.

La 3.ª suena dulce. La 5.ª suena vacía. La 7.ª suena más disonante.

Nota para el profesor: toque las notas de cada intervalo primero por separado, luego juntas.

- Toca y escucha cómo los intervalos crecen de segunda (2.ª) a octava.

- Luego transpón el ejercicio a **SOL mayor**. Recuerda el FA♯.
Transpón a **FA mayor**. Recuerda el SI♭.

Ejercicios con intervalos

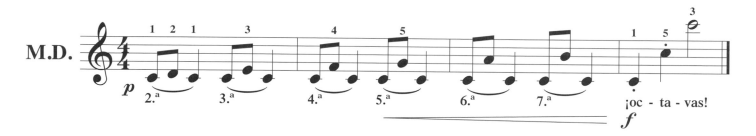

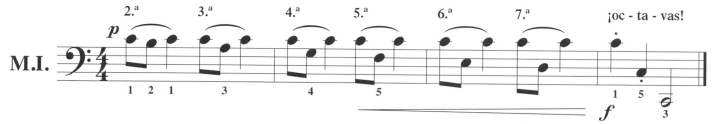

C = **tiempo común (o compasillo)**

C es otra manera de indicar el compás de $\frac{4}{4}$.

- Encierra en un círculo el signo **C**.

Blues con séptimas

Tonalidad de _____ mayor

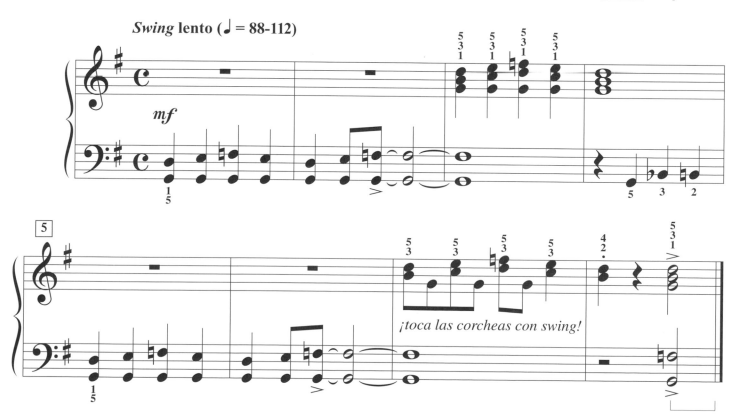

indicación de *tenuto* o **énfasis** ♩

Significa que debemos mantener la duración
completa de la nota.
Pista: presiona hasta el fondo de la tecla.

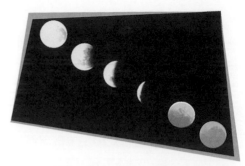

Eclipse lunar

- ¿Con qué acorde quebrado comienza la M.D.?
  ¿Es mayor o menor? _____

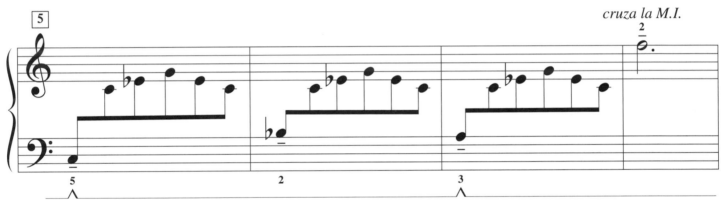

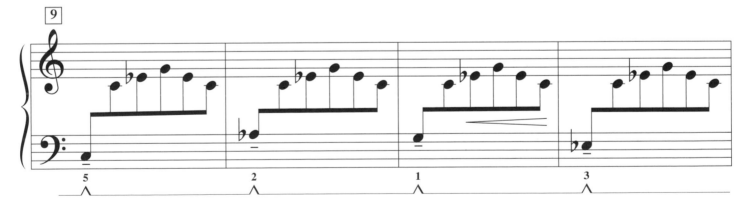

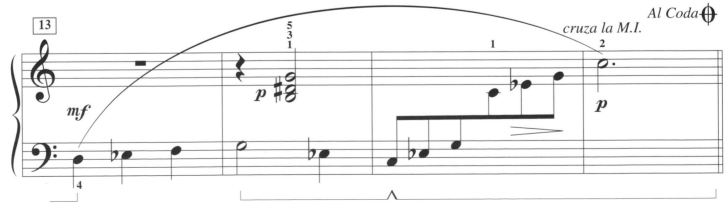

Técnica e interpretación, página 13 (Los coristas)

Nota: en los *compases 17-20* la M.D. toca la melodía y también la armonía (dos voces).
Toca la voz superior (melodía) *mf*, con un sonido profundo. Toca la voz interna (armonía) *p*,
con el *pulgar liviano*.

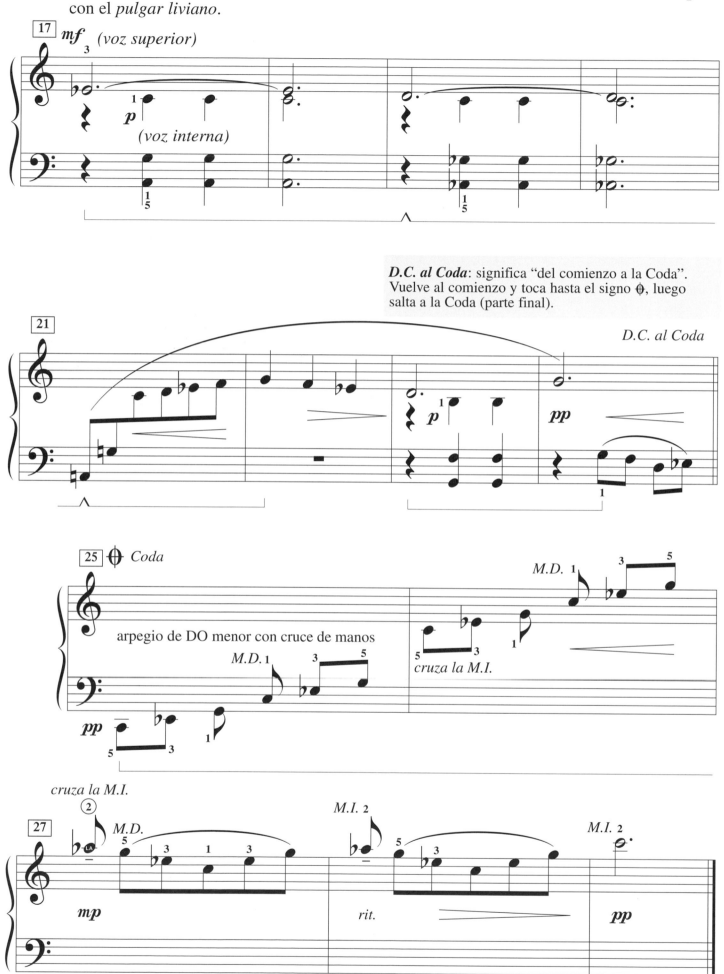

D.C. al Coda: significa "del comienzo a la Coda".
Vuelve al comienzo y toca hasta el signo ⊕, luego
salta a la Coda (parte final).

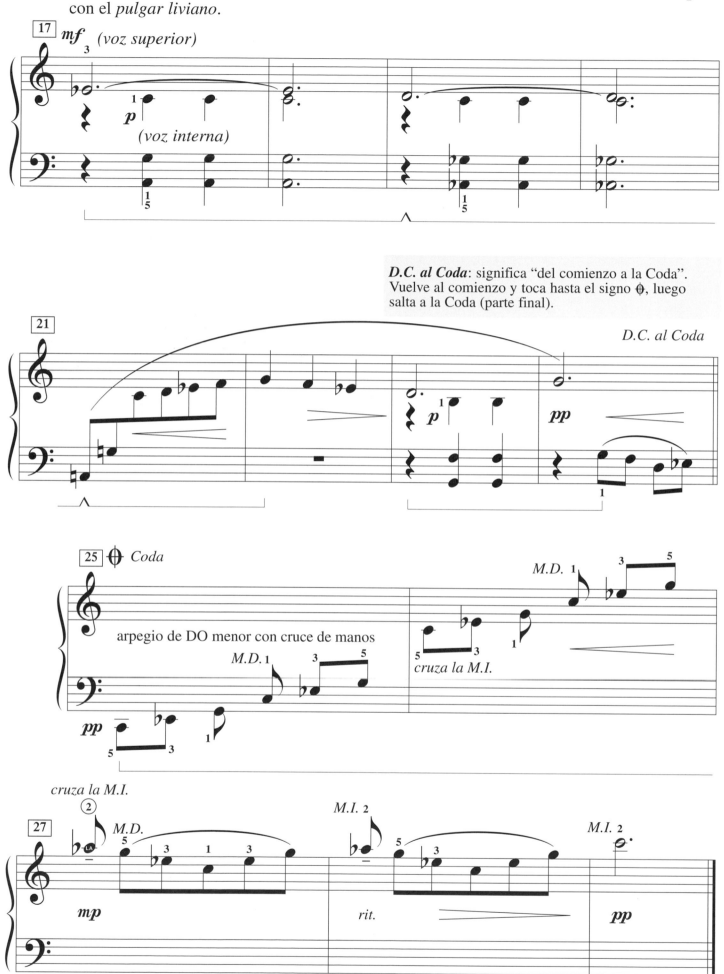

Del tiempo común al tiempo binario

$C = \dfrac{4}{4}$ tiempos por compás   la ♩ dura un tiempo

¡Lo dividimos en dos!

$¢ = \dfrac{2}{2}$ tiempos por compás   la ♩ dura un tiempo

El tiempo binario se conoce también como compasillo binario, compás partido o *alla breve*.

- Marca el ritmo en tempo rápido, sintiendo **2 tiempos** por compás. Recuerda: la ♩ dura un tiempo.

$¢$ ♩   ♩ | ♩   ♩ | ♩ ♩ ♩ ♩ | ♩   ♩ :‖

    1   2   1   2   1 y 2 y   1   2

- Primero, toca lentamente en tiempo común.
  Siente **4 tiempos** por compás.

- Cuando estés listo, toca más rápido,
  alla breve. Siente **2 tiempos** por compás.

El jinete cosaco

Allegro (♩ = 112)

  Técnica e interpretación, páginas 14-15 (Vivace)

Revisa la forma: encierra en un círculo la forma correcta (fíjate que la sección A se repite).

A A B A   A A B Coda   A A B A Coda

ostinato: un patrón musical que se repite muchas veces.

En esta pieza se usa una 7.ª como ostinato en la M.I.

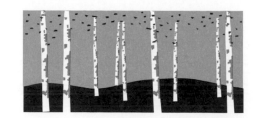

La tierra del abedul plateado

Melodía tradicional de Canadá
adaptación

Con delicadeza, "a dos" (♩ = 69-80)

 DESCUBRIMIENTO

Escribe tu propia pieza usando el ostinato de 7.ª en la M.I.
Usa la escala de RE menor de 5 dedos para la melodía en la M.D.

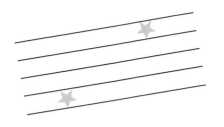

Reconocimiento y escritura de séptimas

1. Escribe el nombre de cada intervalo: **3.ª**, **5.ª** o **7.ª**. Cuenta cada línea y cada espacio, incluyendo la *primera* y la *última* nota.

a. Ej. **5.ª**

b. _____

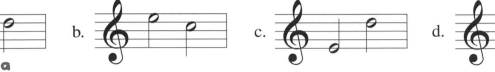

c. _____

d. _____

e. _____

f. _____

g. _____

h. _____

i. _____

j. _____

k. _____

l. _____

2. En cada ejemplo, escribe la nota correcta para formar un intervalo de **7.ª** hacia arriba o hacia abajo de la nota indicada. Luego escribe los nombres de ambas notas.

7.ª arriba

7.ª abajo

7.ª arriba

a.

b.

c.

nombres de las notas: _____ _____

_____ _____

_____ _____

7.ª abajo

7.ª arriba

7.ª arriba

d.

e.

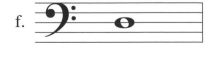

f.

_____ _____

_____ _____

_____ _____

El tresillo

A veces un grupo de **3** corcheas puede durar lo mismo que una negra. Este grupo de 3 corcheas se llama **tresillo**.

El 3 no es un número de dedo, nos indica que tenemos un tresillo.

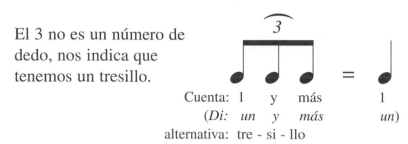

Cuenta: 1   y   más   1
(*Di: un   y   más   un*)
alternativa: tre - si - llo

- Marca el ritmo y cuenta en voz alta junto con tu profesor.

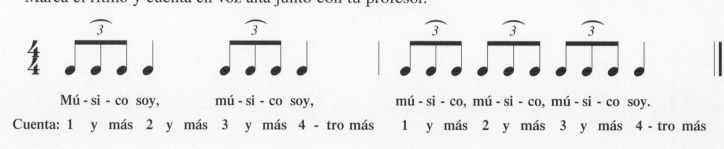

Mú - si - co soy,   mú - si - co soy,   mú - si - co, mú - si - co, mú - si - co soy.

Cuenta: 1   y   más   2   y   más   3   y   más   4 - tro más   1   y   más   2   y   más   3   y   más   4 - tro más

- Primero toca solamente la M.D. de los *compases 1-8*, contando en voz alta.

- Toca solamente la M.I. de los *compases 5-8*. ¿Dónde vuelve a aparecer este patrón?

Sonatina en DO

William Duncombe
(Siglo XVIII, Inglaterra)
versión original

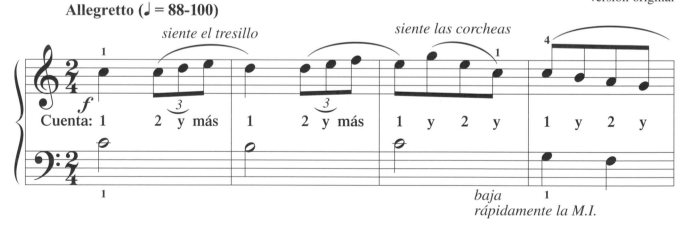

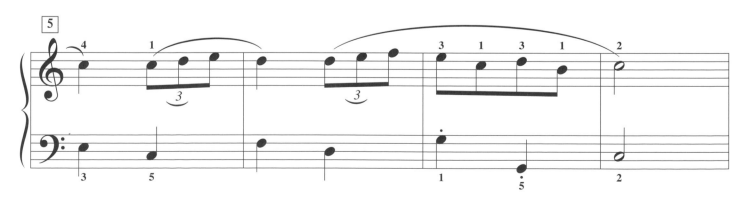

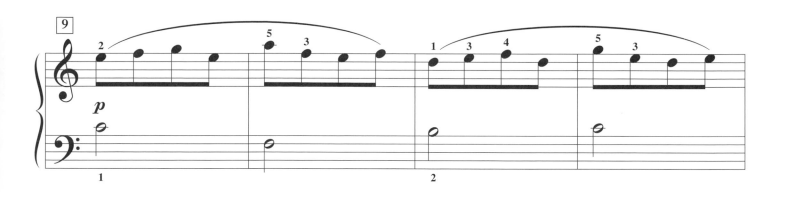

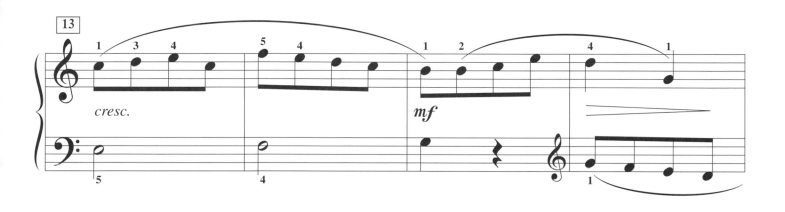

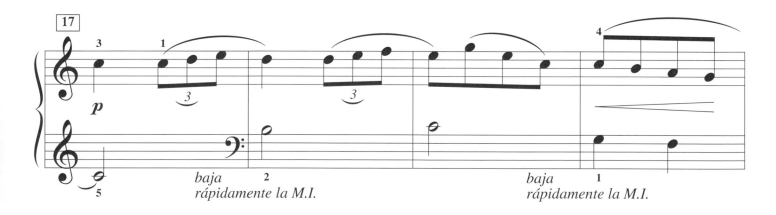

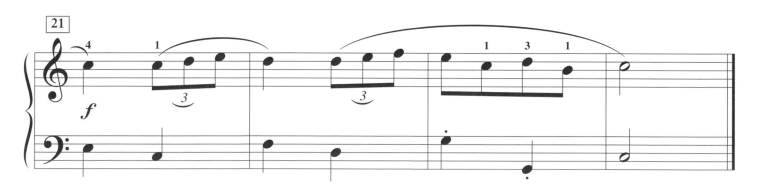

Revisa la forma: marca con letras las secciones de esta pieza.

La forma de la pieza es: _____

Nuevo matiz

ff – *fortissimo*

Fortissimo significa fuertísimo, más fuerte que *forte*.

Malagueña*

- ¿Estás tocando más suave los tiempos 2 y 3 con la M.I.?

Pablo de Sarasate
(1844-1908, España)
adaptación

*La *malagueña* es una danza española de la ciudad de Málaga.

Técnica e interpretación, páginas 18-19 (*Blues* agridulce)

Libremente

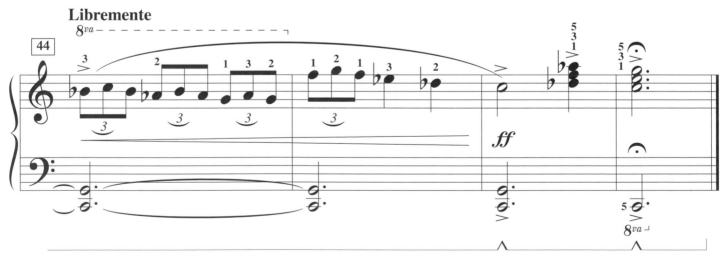

En esta pieza, encuentra y encierra en círculos 3 **tresillos** que aparezcan en un primer, un segundo y un tercer tiempo.

¡Marca las barras de compás!

1. Añade barras de compás después de cada **2 tiempos**. Luego escribe "1-2" debajo de las notas correctas.

2. Añade barras de compás después de cada **3 tiempos**. Luego escribe "1-2-3" debajo de las notas correctas.

3. Añade barras de compás después de cada **4 tiempos**. Luego escribe "1-2-3-4" debajo de las notas correctas.

4. Marca cada uno de los ritmos anteriores con el metrónomo en ♩ = 84.

5. Dibuja una X sobre cada compás *incorrecto* (a los que les faltan o les sobran tiempos).

6. Escoge un signo de compás: $\frac{2}{4}$, $\frac{3}{4}$ o $\frac{4}{4}$. Escribe tu propio ritmo con tresillos.

↑
signo de
compás

Tu profesor tocará ritmos cortos con tresillos. Escucha y repítelos.

7. ENTRENAMIENTO AUDITIVO

Nota para el profesor: puede crear sus propios patrones rítmicos similares a los dos ejemplos que aparecen a continuación.

Tonalidad de LA menor

Cada tonalidad mayor comparte la *misma* armadura con una tonalidad menor.
Esta tonalidad menor se llama RELATIVA MENOR.

La escala relativa menor comienza en el **6.º grado de la escala mayor**.
También puedes encontrar la tónica de la relativa menor si cuentas **3 semitonos hacia abajo**
desde la tónica de la tonalidad mayor.

LA menor es la relativa menor de DO mayor.

1. Toca cada escala y *escucha* cómo suena.

Esta escala y la escala de DO mayor tienen exactamente las mismas notas.

Escala de LA menor natural

2. Practica primero con manos separadas, luego juntas.

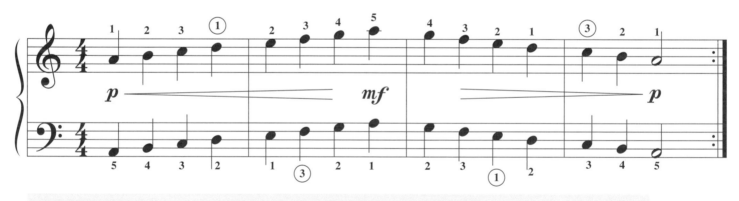

> **En la escala menor armónica el 7.º grado sube un semitono.**
> Así se crea un semitono entre los grados 7 y 8: la *sensible* resuelve en la *tónica*.

Escala de LA menor armónica

3. Practica primero con manos separadas, luego juntas.

Acordes básicos en LA menor: i   iv   V7

4. En las tonalidades menores, los acordes de **i** y **iv** son menores y se escriben con **números romanos en minúsculas**.

SOL♯ es la sensible de la escala de LA menor armónica.

5. Ahora toca este patrón de bajo Alberti para la M.I.

números romanos: i   iv   i   V7   i

Reto: escalas de LA menor de dos octavas*

6. Practica estas escalas l-e-n-t-a-m-e-n-t-e.

- Primero toca *sin* el SOL♯ (**escala de LA menor natural**).
- Luego *añade* el SOL♯ (**escala de LA menor armónica**).

*Nota para el profesor: introducimos la escala menor melódica en el Nivel 6.

Marcha eslava

Tonalidad de LA menor

Pyotr Ilyich Tchaikovsky
(1840-1893, Rusia)
adaptación

Tempo de marcha lenta (♩ = 72)

Líneas adicionales

Las líneas adicionales (o suplementarias) son las líneas cortas que
se usan para extender el pentagrama hacia arriba o hacia abajo.

Pista para la lectura

Recuerda el grupo de notas **LA-DO-MI** para leer las **NOTAS DE LÍNEA**.
Este patrón te ayudará a aprender a leer las notas en las líneas adicionales
SUPERIORES, INTERIORES e INFERIORES.

• Toca los siguientes ejercicios. Fíjate en el patrón LA-DO-MI.

Líneas adicionales superiores

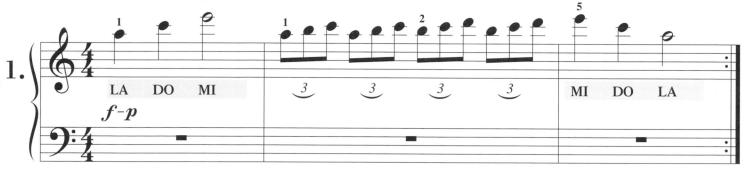

Líneas adicionales interiores

Líneas adicionales inferiores

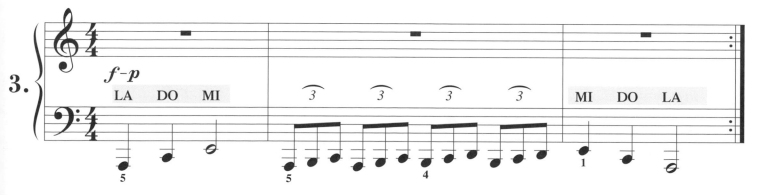

sfz – *sforzando*

Un acento repentino y fuerte en una nota o un acorde.

Fiesta España

Tonalidad de _____ mayor/menor
(encierra en un círculo)

N. Faber

Allegro (♩ = 160-176)

Técnica e interpretación, página 21 (El ventarrón)

DESCUBRIMIENTO

Nombra los cuatro **acordes** usados en esta pieza:
___ menor ___ mayor ___ mayor ___ mayor

Cómo tocar el cifrado americano

En muchos géneros musicales como el *jazz*, el *blues* y la música popular, con frecuencia se utiliza el alfabeto musical para indicar los acordes del acompañamiento o cifrado.

Alfabeto musical:

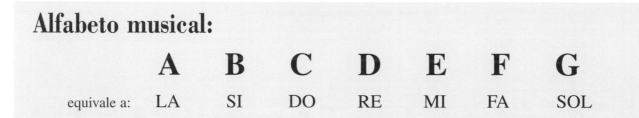

A	B	C	D	E	F	G
equivale a: LA	SI	DO	RE	MI	FA	SOL

En el cifrado, la letra mayúscula escrita sola significa que debes tocar un **acorde mayor**.

C = DO mayor

Una letra mayúscula, seguida de una "m" minúscula, significa que debes tocar un **acorde menor**.

Cm = DO menor

Instrucciones para tocar el cifrado de *Greensleeves*

- Primero toca solo la melodía (página 37).

- Luego toca el ejercicio de calentamiento de acordes en bloque.

- Ahora toca la melodía acompañándola con acordes en bloque en el primer tiempo de cada compás.

Ejercicios de calentamiento
1. Acordes en bloque

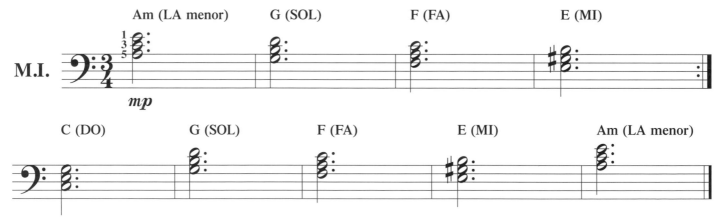

- Ahora practica este ejercicio de calentamiento con acordes quebrados.

- Reto: toca lentamente la melodía con este acompañamiento.

2. Acordes quebrados

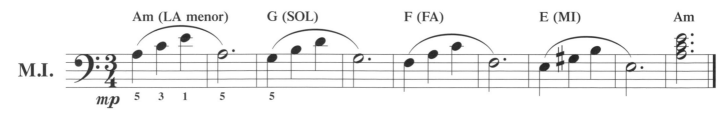

Cifrado para
Greensleeves

Tonalidad de _____ mayor/menor

Suave y fluido (♩ = 108-120)

Canción tradicional de Inglaterra
adaptación

Acordes: Am (LA menor)   G (SOL)

*Si no se indica otro acorde
repite el anterior.*

cruce

DESCUBRIMIENTO

Toca con pedal. Pista: levanta el pedal en cada cambio de armonía.

Escribe las escalas de LA menor: natural y armónica

1. Escribe la **escala de LA menor NATURAL** en cada clave. Luego escribe la digitación en los espacios.

digitación M.D.: __1__ ___ ___ ___ ___ ___ ___ ___

natural

digitación M.I.: __5__ ___ ___ ___ ___ ___ ___ ___

2. En la **escala menor ARMÓNICA**, el 7.º grado sube un _____ y se convierte en *sensible*.

3.
- Ahora escribe una **escala de LA menor ARMÓNICA** en cada clave. Incluye el ♯ para que el 7.º grado suba un semitono.
- Escribe una **T** debajo de las tónicas y una **D** debajo de la dominante. Escribe una **S** debajo de la sensible.

armónica

4. Copia el siguiente ejemplo para aprender a encontrar con facilidad la **tonalidad relativa menor** de DO mayor. Recuerda: las tonalidades de DO mayor y LA menor comparten la *misma* armadura.

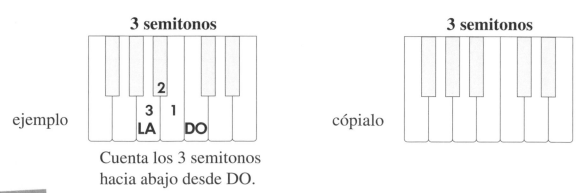

ejemplo

Cuenta los 3 semitonos hacia abajo desde DO.

cópialo

ENTRENAMIENTO

AUDITIVO

5. Cierra los ojos y *escucha*. Tu profesor tocará una escala de **LA menor NATURAL** o **ARMÓNICA** de varias octavas. Nombra la escala que escuchaste.

Armonización en LA menor: acordes de i, iv y V7

6. Copia cada acorde con su respectivo número romano.

Fíjate que los acordes de **i** y **iv** son **menores** y sus números romanos se escriben con minúsculas.

números romanos: **i**   **iv**   **V7**

↑ escríbelo   ↑   ↑

7. • Primero toca la melodía con la M.D.

• Luego armonízala con acordes de **i**, **iv** y **V7** (ver página 15). Usa acordes en bloque.

Fiesta

8. • Escribe los **nombres** de ambas notas y el **intervalo** que forman en cada ejemplo.

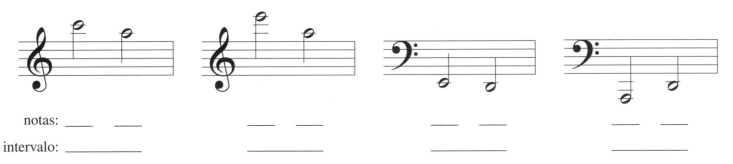

notas: ____ ____

intervalo: _____

39

Tonalidad de RE menor

La tonalidad de RE menor es la RELATIVA MENOR de FA mayor. **RE menor** y **FA mayor** comparten la misma armadura: un bemol (SI bemol).

3 semitonos abajo

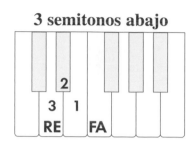

Repaso: la tónica de la RELATIVA MENOR se encuentra 3 semitonos hacia abajo de la tónica de la tonalidad mayor.

1. Toca cada escala y *escucha* cómo suena.

Escala de FA mayor

6.º grado

un tono

Escala de RE menor natural
¡No olvides el SIb!

Esta escala y la escala de FA mayor usan exactamente las mismas notas.

2. Practica primero con manos separadas, luego juntas.

Escala de RE menor natural

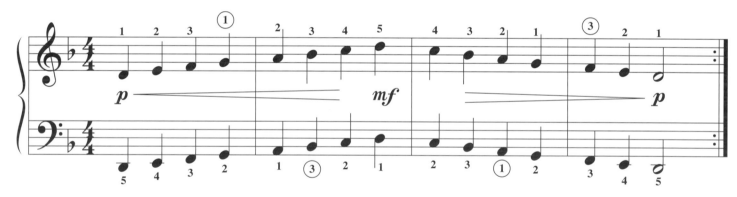

Recuerda: en la escala menor armónica el 7.º grado sube un semitono.
Así se crea un semitono entre los grados 7 y 8: la *sensible* resuelve en la *tónica*.

Escala de RE menor armónica

3. Practica primero con manos separadas, luego juntas.

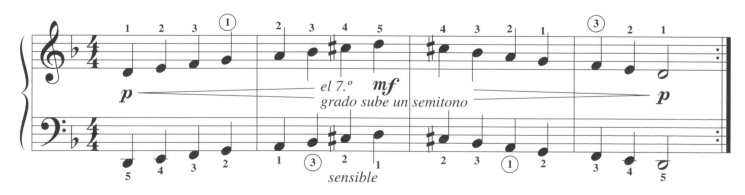

el 7.º grado sube un semitono

sensible

Acordes básicos en RE menor: i iv V7

4. En las tonalidades menores, los acordes de **i** y **iv** son menores.

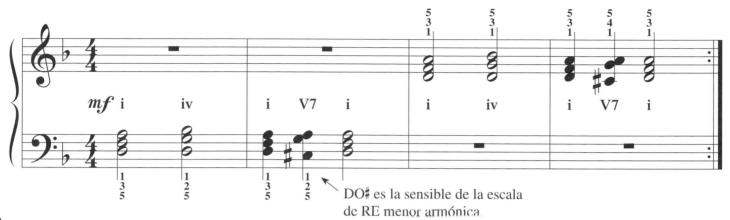

DO♯ es la sensible de la escala de RE menor armónica.

5. Ahora toca este patrón de bajo Alberti con la M.I.

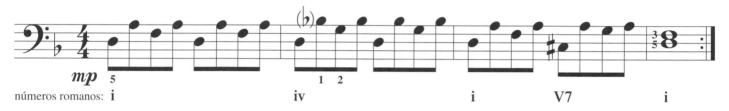

números romanos: i   iv   i   V7   i

Reto: escalas de RE menor de dos octavas

6. Practica estas escalas l-e-n-t-a-m-e-n-t-e.

- Primero toca *sin* el DO♯ (**escala de RE menor natural**).
- Luego *añade* el DO♯ (**escala de RE menor armónica**).

Suave y fluido

M.D.

Suave y fluido

M.I.

Esta pieza tiene dos secciones, cada una con un carácter y un tempo diferentes.

Tempo I – Lento y dramático, en $\frac{4}{4}$
Tempo II – Rápido, con picardía, en ¢

- ¡Usa tu expresividad y tu gran técnica para recrear los dos estilos!

El campamento de gitanos

Tonalidad de _____ mayor/menor

N. Faber

🎵 Técnica e interpretación, páginas 24-25 (Carrera de escalas), páginas 26-27 (El tapete mágico)

Molto significa "mucho".
Haz un *gran ritardando.*

molto rit.

D.C. al Fine

Revisa la armonía: nombra los acordes (**i**, **iv** o **V7**) en los *compases 1-8.*

Repaso: ritmo de *swing* (ver página 12).
Toca las corcheas usando el patrón
rítmico *larga-corta*.

- Primero toca las corcheas como están escritas.

- Ahora, ¡toca las corcheas con *swing*!
  (usando el patrón *larga-corta*).

El *blues* del marinero *

Tonalidad de _____ mayor/menor

Tradicional

Libremente

mf

rit.

***Swing* lento** (♩ = 88)

mp

¡Toca los antecompases con swing!

¡con swing!

cruce

mf

*título original: *The St. James Infirmary*

Técnica e interpretación, página 28 (La gaita del pastor), página 29 (Minuet en RE menor)

45

Escribe las escalas de RE menor: natural y armónica

1. • Escribe la **armadura de RE menor**. Luego escribe la **escala de RE menor NATURAL** en cada clave. Sombrea las notas *alteradas con bemoles*. Escribe la digitación en los espacios.

digitación M.D.:___ ___ ___ ___ ___ ___ ___ ___

↑
armadura
↓

natural

digitación M.I.: ___ ___ ___ ___ ___ ___ ___ ___

2. • Escribe la **armadura de RE menor.** Luego escribe la **escala de RE menor ARMÓNICA** en cada clave. Sombrea las notas *alteradas con bemoles*. Asegúrate de incluir el ♯ para que el 7.º grado suba un semitono.

• Escribe una **T** debajo de las tónicas y una **D** debajo de la dominante. Escribe una **S** debajo de la sensible.

↑
armadura
↓

armónica

3. Copia el siguiente ejemplo para aprender a encontrar con facilidad la tonalidad relativa menor de FA mayor.

3 semitonos

ejemplo

2
3 **1**
RE **FA**

Cuenta los 3 semitonos
hacia abajo desde el FA.

3 semitonos

cópialo

4.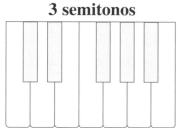

ENTRENAMIENTO

AUDITIVO

Cierra los ojos y *escucha*. Tu profesor tocará una escala **mayor**, **menor natural** o **menor armónica**. Identifica la escala que escuchaste.

Armoniza en RE menor: acordes de i, iv y V7

5. Copia cada acorde con su respectivo número romano.
Recuerda, los acordes de **i** y **iv** son **menores** y sus números romanos se escriben con minúsculas.

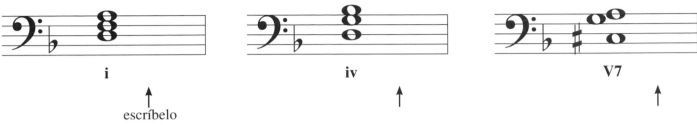

i   escríbelo   iv   V7

6. • Escribe el número romano que corresponde a la armonía
de cada compás: **i**, **iv** o **V7**.

• Luego crea una melodía usando la **escala de RE menor
armónica** y escríbela en el pentagrama. Si quieres puedes
usar el ritmo sugerido.

Escribe un Vals Otoñal

bajo de vals

Escribe una Marcha Clásica

bajo Alberti

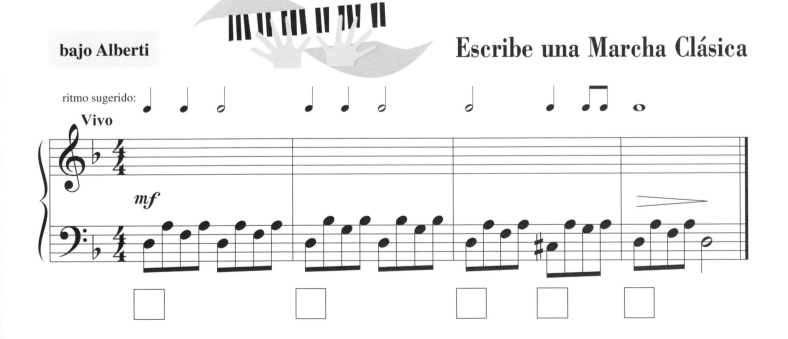

47

Nuevo signo de compás

$\frac{3}{8}$ = **3 tiempos** por compás.

la **corchea** (♪) dura 1 tiempo.

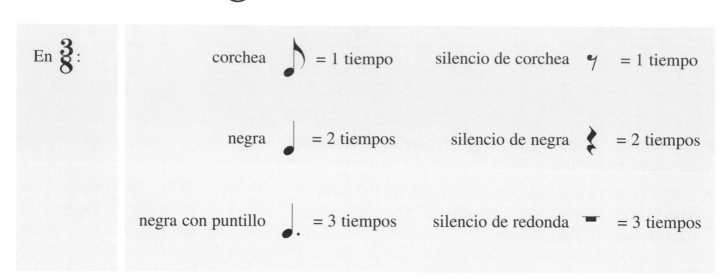

En $\frac{3}{8}$:

| corchea ♪ = 1 tiempo | silencio de corchea ↱ = 1 tiempo |

| negra ♩ = 2 tiempos | silencio de negra ↺ = 2 tiempos |

| negra con puntillo ♩. = 3 tiempos | silencio de redonda ▬ = 3 tiempos |

Patrones rítmicos

- Marca y cuenta estos ritmos en $\frac{3}{8}$ junto con tu profesor:

- ¿Puedes marcar el **ritmo a** mientras tu profesor marca el **ritmo b**? ¡Intenten diferentes combinaciones!

La mar estaba serena

Tonalidad de _____ mayor/menor

Canción tradicional del Perú
adaptación

Andante espressivo

Cuenta: 1 2 3 | 1 2 3 | 1 2 3 | 1 2 La mar es -

p *mp*

ta - ba se - re - na, se - re - na es - ta - ba la

mar. _____ La mar es - ta - ba se - re -

na, se - re - na es - ta - ba la mar.

p *mp* *rit.* *p*

Nuevo signo de compás

$\dfrac{6}{8}$ =

6 tiempos por compás.

la **corchea** (♪) dura un tiempo.

Piensa en el compás de $\dfrac{6}{8}$ como una combinación de $\dfrac{3}{8}$ + $\dfrac{3}{8}$: ♪♪♪ + ♪♪♪

En $\dfrac{6}{8}$:	corchea ♪ = 1 tiempo	silencio de corchea ⁊ = 1 tiempo
	negra ♩ = 2 tiempos	silencio de negra 𝄽 = 2 tiempos
	negra con puntillo ♩. = 3 tiempos	silencio de negra con puntillo 𝄽. = 3 tiempos
	blanca con puntillo 𝅗𝅥. = 6 tiempos	silencio de redonda ▬ = 6 tiempos

- Encierra en un círculo cada grupo de tres tiempos (dos círculos por compás).

Patrones rítmicos

- Marca y cuenta estos ritmos en $\dfrac{6}{8}$ junto con tu profesor:

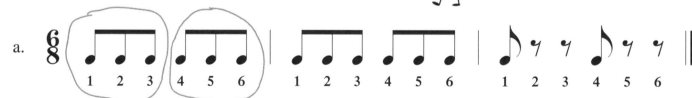

a.

b.

c.

- ¿Puedes marcar el **ritmo a** mientras tu profesor marca el **ritmo b**? ¡Intenten diferentes combinaciones!

Vienen los Campbell

Tonalidad de _____ **mayor/menor**

Melodía tradicional de Escocia
adaptación

Cielito lindo

Tonalidad de _____ mayor/menor

Canción tradicional de México
adaptación (original en 3/4)

Moderato

mp De la sie - rra mo - re - na, cie - li - to

lin - do, vie - nen ba - jan - do____ *cruce*

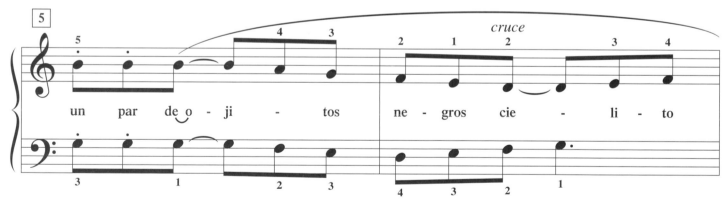

un par de o - ji - tos ne - gros cie - li - to *cruce*

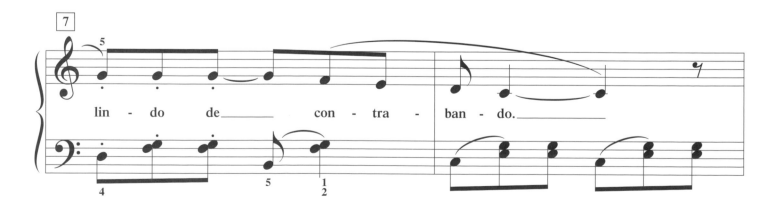

lin - do de____ con - tra - ban - do.____

Técnica e interpretación, páginas 34-35 (Aurora boreal)

¿En qué compás se toca el **acorde de IV**?

$\frac{6}{8}$ en tempos rápidos

En tempos rápidos, en el compás de $\frac{6}{8}$ se sienten **2 tiempos** por compás. La ♩. se siente como 1 tiempo.

• Marca este ritmo, contando en voz alta.

Funiculí, funiculá*

Tonalidad de _____ mayor/menor

Luigi Denza
(1846-1922, Italia)
adaptación

Moderato, "a dos" (♩. = 104-120)

Técnica e interpretación, páginas 36-37 (Enérgico)

DESCUBRIMIENTO

Revisa la armonía: encuentra siete compases consecutivos del acorde de **V7**.

*Esta canción italiana fue escrita para celebrar la apertura del primer funicular que subía al Monte Vesubio.

Ritmos en $\frac{3}{8}$

1. $\frac{3}{8}$ = ____ tiempos por compás (*llena el espacio*)

   la _____ dura un tiempo

2. Copia estos patrones. Escribe el conteo correcto debajo de las notas.

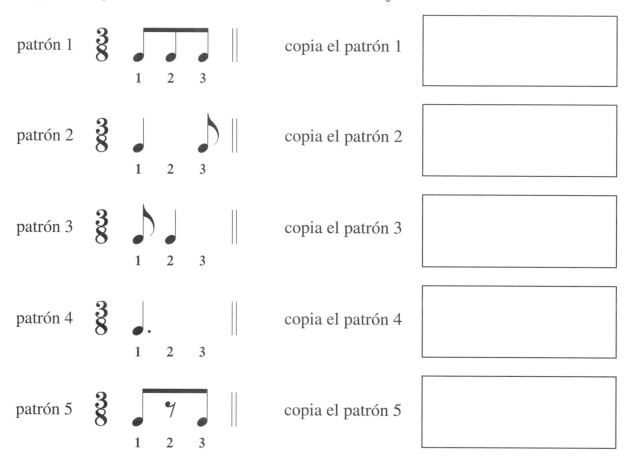

patrón 1 $\frac{3}{8}$ 1 2 3 copia el patrón 1

patrón 2 $\frac{3}{8}$ 1 2 3 copia el patrón 2

patrón 3 $\frac{3}{8}$ 1 2 3 copia el patrón 3

patrón 4 $\frac{3}{8}$ 1 2 3 copia el patrón 4

patrón 5 $\frac{3}{8}$ 1 2 3 copia el patrón 5

3. Escribe el conteo debajo de las notas de cada melodía. Luego toca, contando en voz alta.

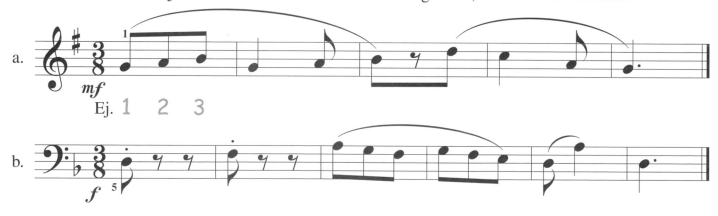

a. *mf* Ej. 1 2 3

b. *f* 5

4. Inventa tu propio ritmo de cuatro compases. ¡Piensa en patrones! (mira los patrones 1-5 ariba).
   Luego marca tu ritmo.

$\frac{3}{8}$

(escríbelo)

Ritmos en $\frac{6}{8}$

1. $\frac{6}{8}$ = ___ tiempos por compás (*llena el espacio*)

la _____ dura un tiempo

2. Copia estos patrones. Escribe el conteo correcto debajo de las notas.

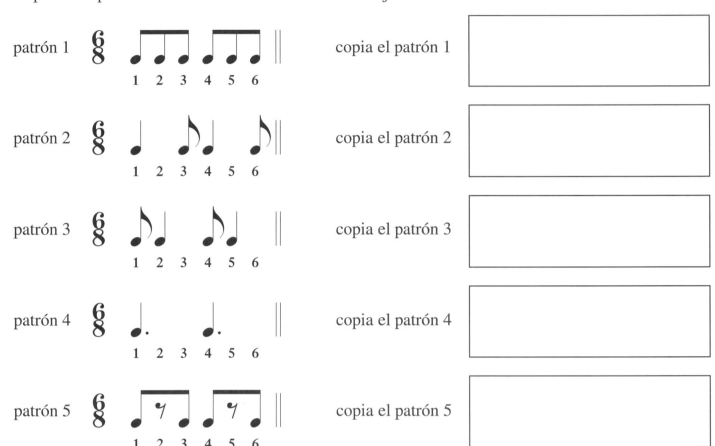

patrón 1 $\frac{6}{8}$ 1 2 3 4 5 6   copia el patrón 1

patrón 2 $\frac{6}{8}$ 1 2 3 4 5 6   copia el patrón 2

patrón 3 $\frac{6}{8}$ 1 2 3 4 5 6   copia el patrón 3

patrón 4 $\frac{6}{8}$ 1 2 3 4 5 6   copia el patrón 4

patrón 5 $\frac{6}{8}$ 1 2 3 4 5 6   copia el patrón 5

3. Escribe el signo de compás correcto para cada ejemplo: $\frac{2}{4}$ $\frac{3}{4}$ $\frac{4}{4}$ $\frac{3}{8}$ $\frac{6}{8}$

a.   b.   c.   d.

e.   f.   g.   h.

4. Inventa tu propio ritmo de cuatro compases. Piensa en $\frac{3}{8}$ + $\frac{3}{8}$. Luego marca tu ritmo.

$\frac{6}{8}$

(escríbelo)

La escala de RE mayor

Recuerda: las escalas mayores tienen 7 notas llamadas **grados**.

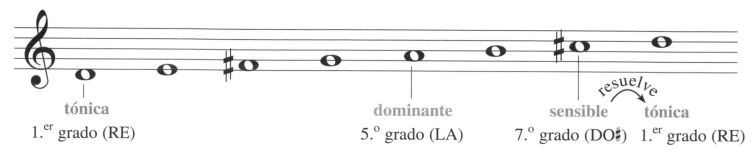

tónica	dominante	sensible	resuelve → tónica
1.ᵉʳ grado (RE)	5.º grado (LA)	7.º grado (DO♯)	1.ᵉʳ grado (RE)

- Toca la tónica, la dominante y la sensible en la tonalidad de RE mayor.

Armadura de RE mayor

FA♯ y DO♯

- La escala de RE mayor tiene un FA♯ y un DO♯.

- Las piezas escritas en RE mayor también usan FA♯ y DO♯.

- En vez de escribir sostenidos antes de cada una de estas notas, se ponen el FA♯ y el DO♯ al comienzo de cada pentagrama. Esta es la **armadura** de RE mayor.

Toca la escala de RE mayor

1. Practica primero con manos separadas, luego juntas.

> La digitación de la escala de RE mayor es la misma de las escalas de DO mayor y SOL mayor.

Estable y fluido

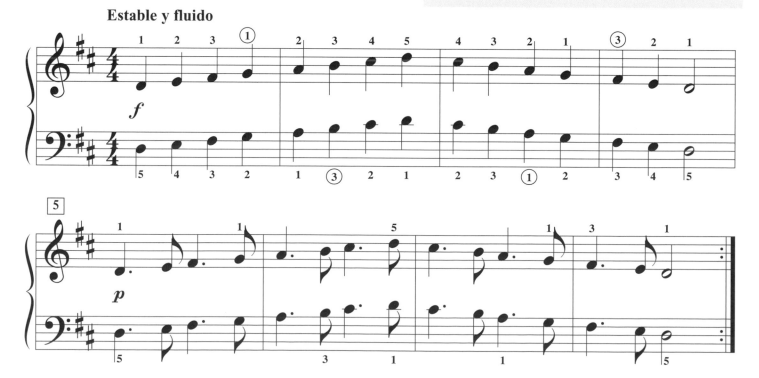

Acordes básicos en RE mayor: I IV V7

2. Practica estos acordes básicos, diciendo los números en voz alta.

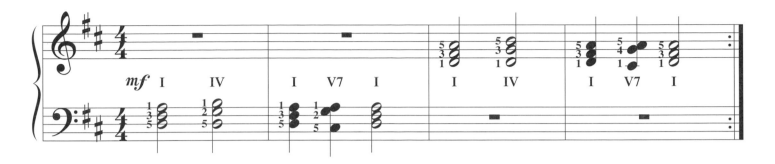

3. Ahora toca este patrón de bajo Alberti con la M.I.

Reto: escalas de RE mayor de dos octavas

4. • Practica estas escalas de **RE mayor**.

   • Luego toca escalas de dos octavas en **DO mayor** y **SOL mayor**. Usa la misma digitación.

Forma binaria, o forma AB

La forma binaria, o forma **AB**, tiene dos secciones: sección **A** y sección **B**.

Allegro en RE mayor

James Hook
(1746-1827, Inglaterra)
(originalmente en DO mayor)

- Escribe **A** o **B** en los cuadros.

*Opcional: tu profesor te mostrará cómo añadir este ornamento especial llamado **mordente**.

Técnica e interpretación, páginas 38-39 (El monstruo de las escalas)

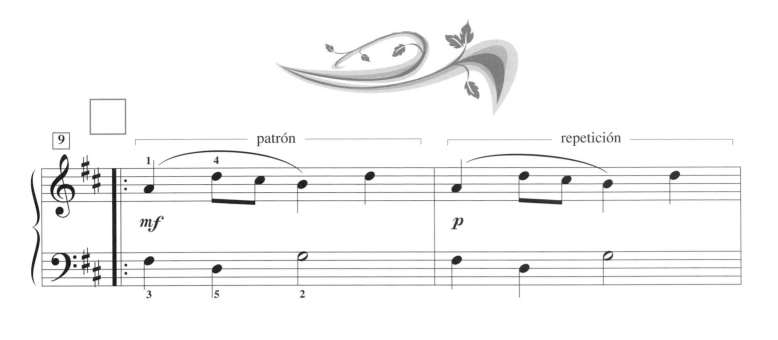

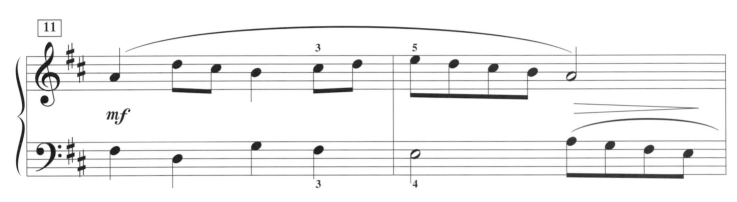

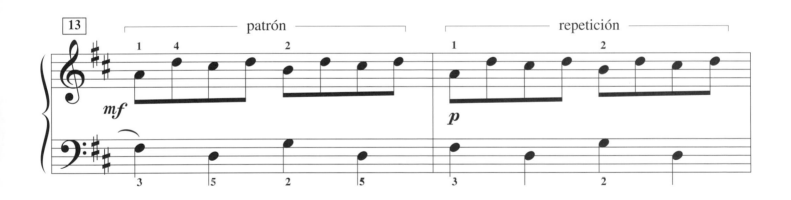

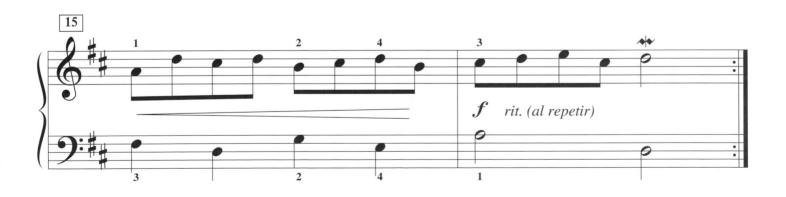

¿Puedes transponer esta pieza a **DO mayor**?

Tema de Tchaikovsky

del *Concierto para piano No. 1,*
2.º movimiento

Tonalidad de _____ mayor

- Siente los pulsos "grandes" en los tiempos 1 y 4.
  Esto te ayudará a tocar con fluidez.

Pyotr Ilyich Tchaikovsky
(1840-1893, Rusia)
adaptación

Técnica e interpretación, páginas 40-43 (La montaña de Kilimanjaro)

DESCUBRIMIENTO

Revisa la armonía: ¿en qué sistema se usa únicamente el acorde de **RE mayor**?_____

Escribe la escala de RE mayor

RE

1. Completa los espacios:
La escala de RE mayor tiene 7 notas y está compuesta por ____________ y ____________.
Los **semitonos** están entre los grados ____ y ____ y entre los grados ____ y ____ .
Todos los demás intervalos son ____________.

2. Dibuja la **armadura de RE mayor** y luego cópiala tres veces. Escribe los nombres de los dos sostenidos.

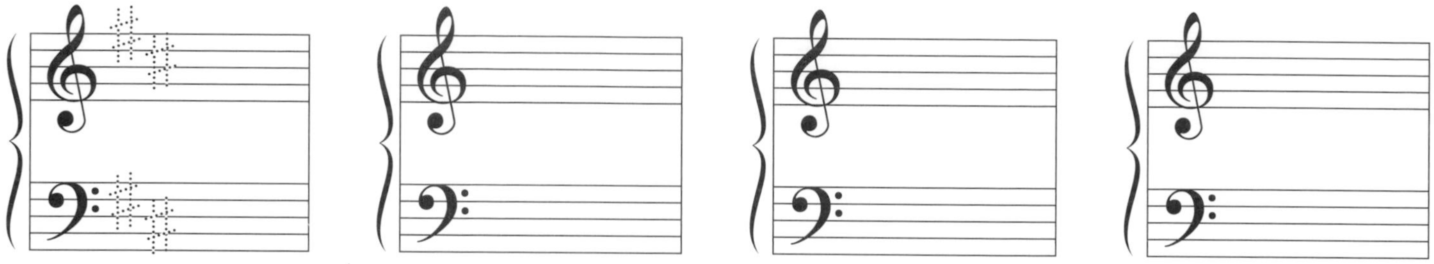

sostenidos: ___ ___   ___ ___   ___ ___   ___ ___

3.
- Escribe la escala de RE mayor en cada clave. Escribe los **sostenidos** antes de las notas correctas.
- Escribe los números de los grados de la escala: 1-8.
- Usa ⌴ para marcar los *tonos enteros*. Usa ∨ para marcar los *semitonos*.

grados: 1 ____ ____ ____ ____ ____ ____ ____

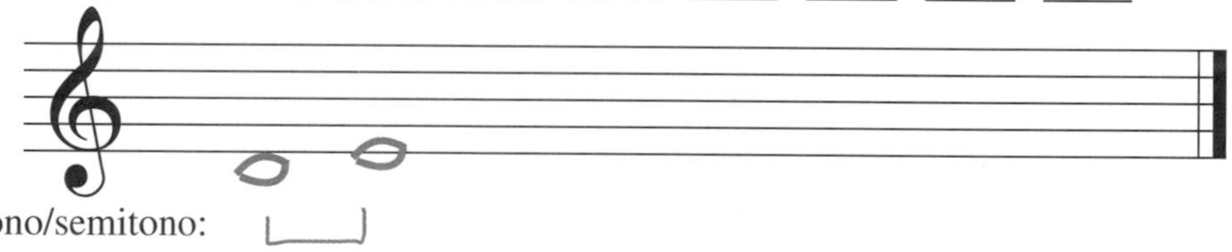

tono/semitono: ⌴

grados: ____ ____ ____ ____ ____ ____ ____ ____

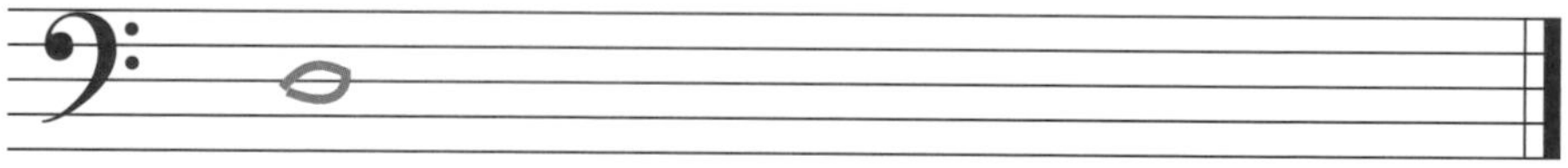

tono/semitono:

ENTRENAMIENTO AUDITIVO

Paseo en canoa (improvisación)

4. *Escucha* el acompañamiento. Cuando estés listo, improvisa una melodía usando las notas de la escala de RE mayor **en cualquier orden**. ¡No olvides el **FA♯** y el **DO♯**!

- Toca acordes de RE mayor, en bloque y quebrados.
- Toca notas repetidas, especialmente la *tónica* (RE) y la *dominante* (LA).
- Inventa patrones cortos y repítelos primero *forte*, luego *piano*.

Acompañamiento para el profesor (el estudiante improvisa usando las notas de la escala de RE mayor):

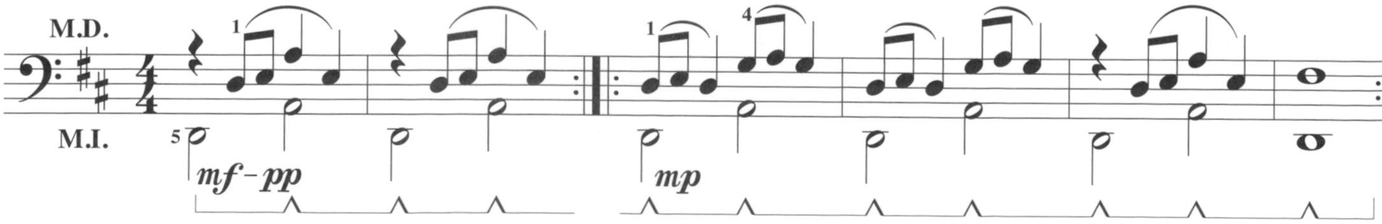

Armonización en RE mayor: acordes de I, IV y V7

5. Copia cada acorde y su número romano correspondiente.

I

↑ escríbelo

IV

↑

V7

↑

6. • Primero toca la melodía con la M.D.

• Luego armonízala con acordes de **I**, **IV** o **V7**.
Toca los acordes en bloque.

Danza callejera

Moderato

Ej. I

5

9

7. ¿Puedes transponer la melodía y los acordes de *Danza callejera* un tono hacia ABAJO, a **DO mayor**?

Repaso de las líneas adicionales

8. Escribe los nombres de los intervalos formados por estas notas escritas en las líneas adicionales.

intervalo: _____

_____

_____

_____

_____

_____

UNIDAD 8 ESCALA CROMÁTICA

La escala cromática

La escala cromática tiene 12 notas y está compuesta únicamente por **semitonos**.
Se usan todas las teclas negras y blancas.

1. Toca una escala cromática con la M.D., subiendo y bajando. Primero mira la imagen del teclado,
luego la música.

- Toca todas las teclas negras con el dedo 3.

- Toca todas las teclas blancas con el dedo 1, excepto los semitonos MI-FA y SI-DO.

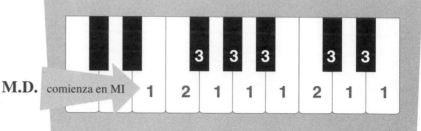

*Repite 1 octava
más ALTO.*

2. Toca una escala cromática con la M.I., bajando y subiendo.
Primero mira la imagen del teclado, luego la música.

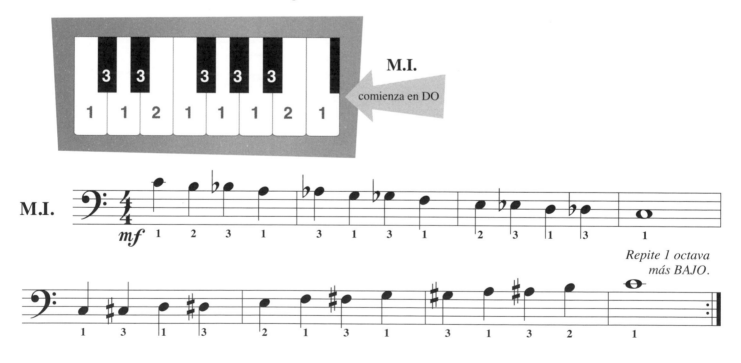

*Repite 1 octava
más BAJO.*

Gran reto de escalas:

- Comenzando en el MI Central, toca con la M.D. una escala cromática que suba hasta la última nota del teclado y vuelve bajando hasta el MI Central.

- Comenzando en el DO Central, toca con la M.I. una escala cromática que baje hasta la última nota del teclado y vuelve subiendo hasta el DO Central.

Técnica e interpretación, página 44 (Diversión cromática)

Esta pieza está basada en la escala cromática.

- Toca con la mano en posición cerrada, como formando una "taza".

- Fíjate en la indicación de tempo. Toca las corcheas con *swing* (usando el patrón rítmico *larga-corta*).

El gato callejero

Tonalidad de _____ mayor/menor

N. Faber

Swing **moderado (♩ = 120-132)**

La M.D. toca una 8va más alto al repetir.

📖 Técnica e interpretación, páginas 44-45 (La laguna nublada)   67

Acciaccatura

Una nota pequeña, marcada con una línea que atraviesa la plica. Es una nota de adorno que se toca rápidamente, dirigiéndola hacia la nota siguiente.

- Practica estos ejemplos. Tu profesor te ayudará.

El fantasma de las teclas

Tonalidad de _____ mayor/menor

Enérgico, con picardía (♩=88-100)

N. Faber

✎ Técnica e interpretación, páginas 46-47 (Las aventuras de la mosca)

DESCUBRIMIENTO ¿El SOL♯ del *compás 9* forma parte de la escala **menor natural** o **menor armónica**?
En LA menor, ¿el SOL♯ es la tónica, la dominante o la sensible?

Escribe la escala cromática

1. • Escribe los nombres de las notas de la escala cromática *ascendente*.
Fíjate que cuando la escala sube se usan **sostenidos**.

nombres de las notas: ___ ___ ___ ___ ___ ___ ___ ___ ___ ___ ___ ___ ___

• Copia la escala cromática ascendente en el pentagrama de abajo. ¡No olvides los sostenidos!
• Escribe la digitación para la M.D. en los espacios. Puedes probarla en el piano.

digitación: ___ ___ ___ ___ ___ ___ ___ ___ ___ ___ ___ ___ ___

2. • Escribe los nombres de las notas de la escala cromática *descendente*.
Fíjate que cuando la escala baja se usan **bemoles**.

nombres de las notas: ___ ___ ___ ___ ___ ___ ___ ___ ___ ___ ___ ___ ___

• Copia la escala cromática descendente en el pentagrama de abajo. ¡No olvides los bemoles!
• Escribe la digitación para la M.I. en los espacios. Puedes probarla en el piano.

digitación: ___ ___ ___ ___ ___ ___ ___ ___ ___ ___ ___ ___ ___

3. Encierra en círculos los 3 ejemplos que usan la escala cromática. ¡Busca los *semitonos*!

4. Tu profesor tocará una escala **mayor**, **menor** o **cromática**.
Escucha y nombra la respuesta correcta.

ENTRENAMIENTO AUDITIVO

Nota para el profesor: puede crear sus propios ejemplos.

71

Arpegios de una octava

Para tocar un *arpegio* de una octava, la mano debe estar en posición extendida.

- En la M.D., la muñeca debe **bajar** y **subir** en un movimiento circular.
  Fíjate en la digitación: **1-2-3-5**.

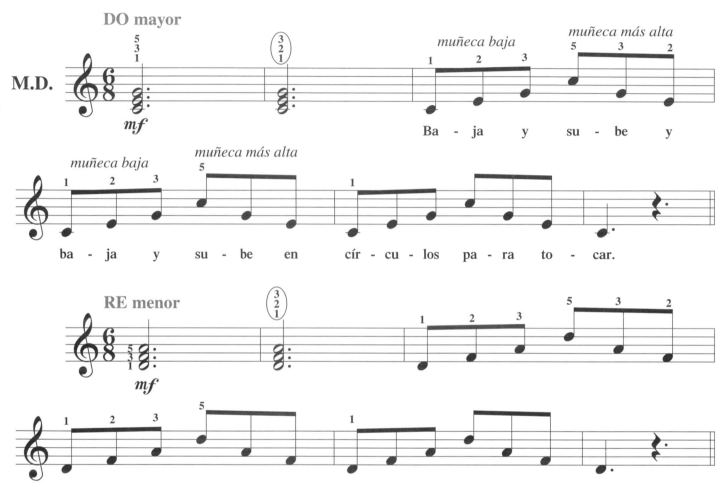

- Sigue tocando el patrón en las teclas blancas, usando los acordes
  de **MI menor**, **FA mayor**, **SOL mayor** y **LA menor**.

- En la M.I., la muñeca debe **subir** y **bajar** en un movimiento circular.
  Fíjate en la digitación: **5-4-2-1**.

- Sigue tocando el patrón en las teclas blancas, usando los acordes
  de **RE menor**, **MI menor**, **FA mayor**, **SOL mayor** y **LA menor**.

En esta pieza, el acompañamiento
se basa en arpegios de una octava.

- Primero practica solo la M.I. Aprovecha
el silencio de negra y prepárate para el
siguiente arpegio.

Leyenda

Tonalidad de _____ mayor/menor

N. Faber

Andante (♩ = 80-92)

mp - pp durante toda la repetición

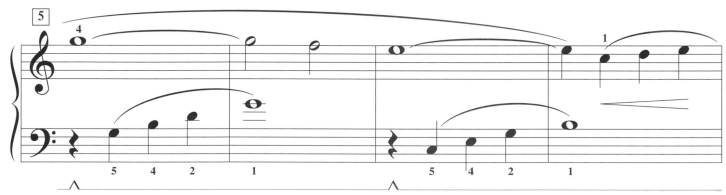

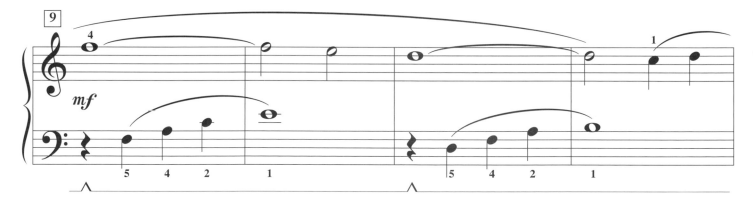

rit. (al repetir)

El vals del sauce

Tonalidad de ____ mayor

N. Faber

Técnica e interpretación, página 49 (Minué: Fanfarria)

Nombra los arpegios de una octava

- Escribe el nombre de cada arpegio.
- Escribe los nombres de las notas en los espacios.
- Toca cada arpegio en el piano.

Ej.   arpegio de   DO mayor

a.

DO MI SOL

arpegio de _____

b.

arpegio de _____

c.

arpegio de _____

d.

arpegio de _____

e.

arpegio de _____

f.

arpegio de _____

g.

arpegio de _____

h.

arpegio de _____

i.

arpegio de _____

j.

¡Cierra los ojos y *escucha*! Tu profesor tocará arpegios de una octava, **mayores** o **menores**. Di "mayor" o "menor", dependiendo de lo que oyes.

Nota para el profesor: toque varios arpegios de una octava, mayores y menores.

Las 12 tríadas mayores y menores

Una tríada es un acorde de 3 notas compuesto por intervalos de 3.ª.
Las 3 notas de una tríada son la nota **fundamental**, la **tercera** y la **quinta**.

5.ª
3.ª
fundamental

• Practica este ejercicio de tríadas subiendo por el teclado **cromáticamente** (por semitonos).

• Usa la siguiente tabla y sigue tocando el ejercicio comenzando en **RE, MIb, MI, FA, FA♯, SOL, LAb, LA, SIb, SI** y **DO**.

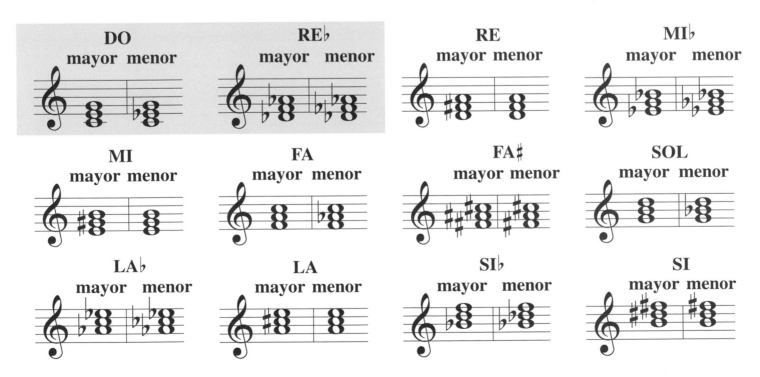

Franz Liszt

Liebestraum

(Sueño de amor, No. 3)

Tonalidad de _____ **mayor/menor**

Piensa en el compás de $\frac{6}{4}$ como una combinación de $\frac{3}{4}$ + $\frac{3}{4}$:

Franz Liszt
(1811–1886, Hungría)
adaptación

Allegro moderato (♩ = 104-120)

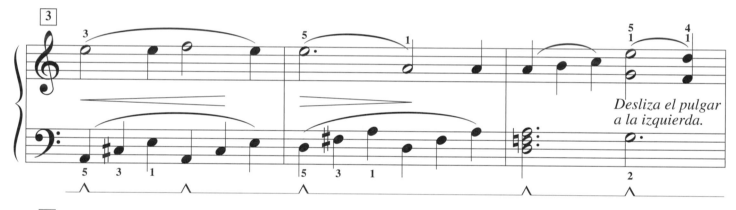

*Desliza el pulgar
a la izquierda.*

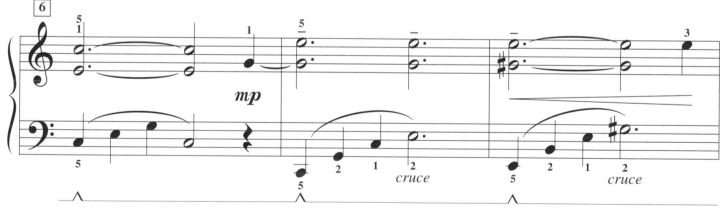

cruce *cruce*

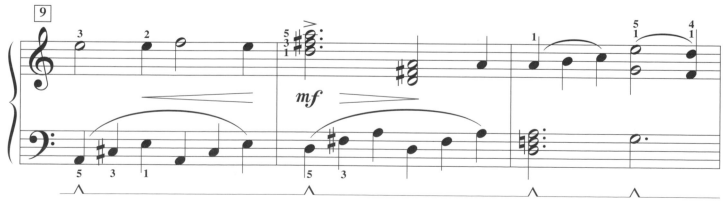

Acorde arpegiado: la línea ondulada indica que las notas se deben tocar como un arpegio muy rápido, de abajo hacia arriba.

* agitado, más movido

Las inversiones de los acordes

Las tríadas se pueden reorganizar, o *invertir*. Cada tríada tiene tres posibles posiciones: **posición fundamental**, **primera inversión** y **segunda inversión**.

- Toca las 3 posiciones de la tríada de DO mayor. ¡*Escucha* cómo suenan!

Posición fundamental

La nota más baja es la **fundamental**.

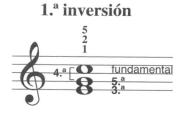

1.ª inversión

La nota más baja es la **3.ª**.

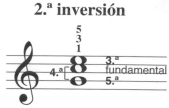

2.ª inversión

La nota más baja es la **5.ª**.

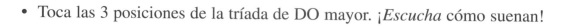

> Fíjate que en las inversiones se forma un intervalo de **4.ª**. La fundamental es la *nota más alta* de esta 4.ª.

- Tu profesor te mostrará cómo tocar el ejercicio.

- ¡Es tu turno! Toca lentamente y memorízalo.

1. Inversiones del acorde de DO mayor

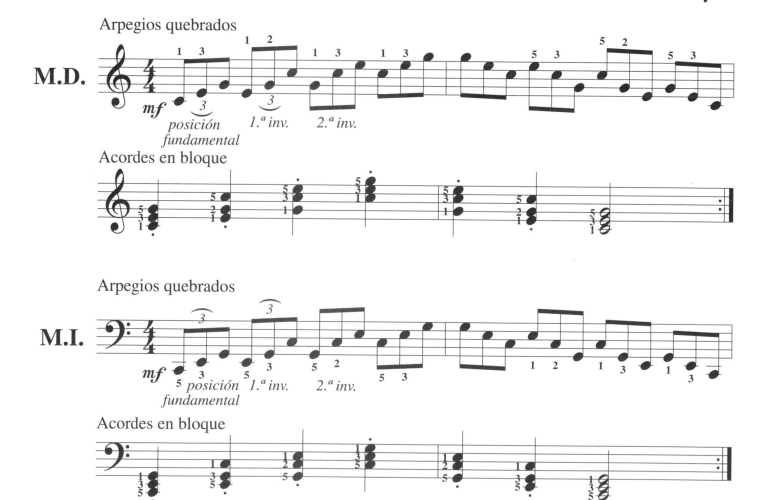

80

2. Inversiones del acorde de SOL mayor

M.D.

M.I.

- Transpón estos ejercicios a **LA menor**, **RE menor** y **FA mayor**.

- Escribe los **nombres de los acordes** en los cuadros. Recuerda que la fundamental es la *nota más alta* del intervalo de 4.ª.

Estudio de inversiones

Andante (♩ = 80)

DO   SOL

La gavota es una danza escrita en $\frac{4}{4}$ en tempo moderado, que fue muy popular en Francia en el siglo XVIII.

Forma binaria circular

Cuando parte de la sección A vuelve *dentro* de la sección B, tenemos una forma **binaria circular**.

Gavota

Benjamin Carr
(1768-1831, EE.UU.)
versión original

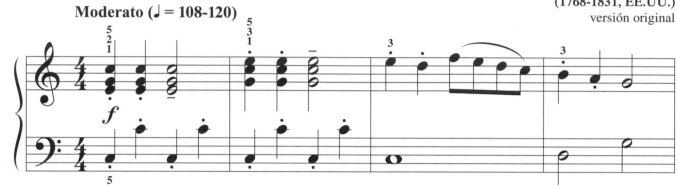

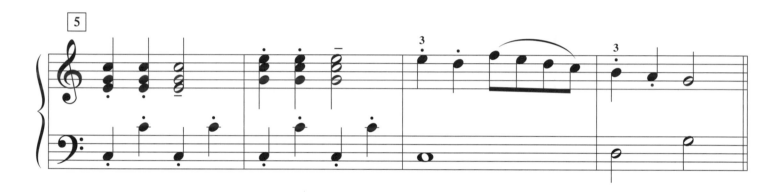

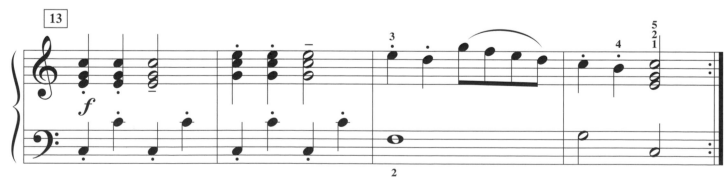

DESCUBRIMIENTO

¿Puedes memorizar esta *Gavota*?

Técnica e interpretación, página 50 (Ejercicio de rotación en primera inversión, El amanecer)

- Primero toca lentamente, sintiendo los **6 tiempos** de cada compás.

- Cuando estés preparado, toca *vivace* y trata de sentir **2 tiempos** por compás.

El retorno

Cornelius Gurlitt
(1820-1901, Alemania)
versión original

loco

Término italiano que significa "como está escrito".
Se pone después de una indicación de 8va (mira
el *compás 26*).

Ceremonia de paz

Tonalidad de _____ mayor

N. Faber

Moderado, majestuoso

Técnica e interpretación, páginas 52-53 (La leyenda del emperador)

Test de inversiones

1. Repaso:

Posición fundamental
La nota más baja es la fundamental.

1.ª inversión
La nota más baja es la 3.ª.

2.ª inversión
La nota más baja es la 5.ª.

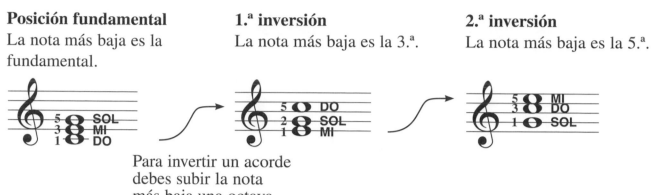

Para invertir un acorde debes subir la nota más baja una octava.

2. • Escribe los siguientes acordes en **posición fundamental**, **1.ª inversión** y **2.ª inversión**.

• Sombrea la nota *fundamental* de cada acorde. Pista: la fundamental es siempre la *nota más alta* del intervalo de 4.ª.

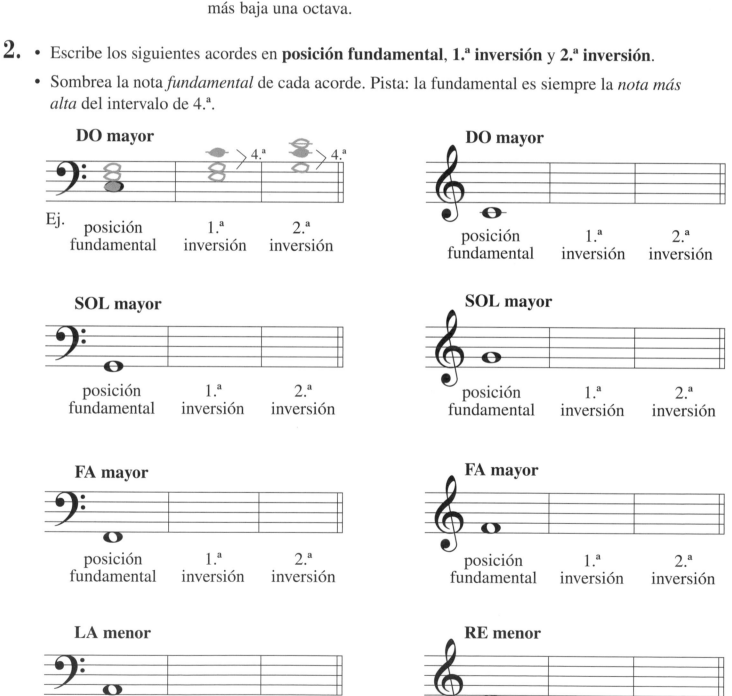

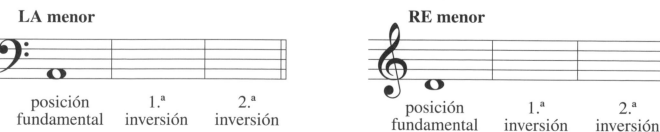

Tabla de inversiones

3. • Completa cada fila de la tabla como está indicado en el ejemplo.

ACORDE	fundamental	posición	mayor/menor	en el pentagrama
Ej. (teclado: MI SOL DO)	DO	posición fundamental / **1.ª inversión** / 2.ª inversión	**mayor** / menor	(clave de sol)
(teclado: RE FA LA)		posición fundamental / 1.ª inversión / 2.ª inversión	mayor / menor	(clave de fa)
(teclado: MI LA DO)		posición fundamental / 1.ª inversión / 2.ª inversión	mayor / menor	(clave de sol)
(teclado: SOL DO MI)		posición fundamental / 1.ª inversión / 2.ª inversión	mayor / menor	(clave de fa)
(teclado: FA LA RE)		posición fundamental / 1.ª inversión / 2.ª inversión	mayor / menor	(clave de sol)
(teclado: FA LA DO)		posición fundamental / 1.ª inversión / 2.ª inversión	mayor / menor	(clave de fa)
(teclado: FA# LA RE)		posición fundamental / 1.ª inversión / 2.ª inversión	mayor / menor	(clave de sol)

4. Cierra los ojos y *escucha* el patrón de acordes que tocará tu profesor. Los patrones empiezan en posición fundamental, pero pueden terminar en **posición fundamental**, **1.ª inversión** o **2.ª inversión**. Di en qué posición está el último acorde de cada patrón.

Nota para el profesor: invente sus propios patrones basándose en los siguientes ejemplos.

Ej.    Ej.    Ej.

Semicorcheas

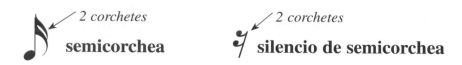

2 corchetes

♪ semicorchea

2 corchetes

silencio de semicorchea

cuatro semicorcheas = una negra

2 barras de unión →

Cuenta: **1** y más y **1**
(Di: *un* y *más* y *un)*
o: **Ti** ki ti ki **Ta**

Batería en el teclado

- En la tapa cerrada del piano, marca los ritmos con ambas manos mientras cuentas en voz alta. ¿Puedes hacerlo con el metrónomo en ♩ = **69**?

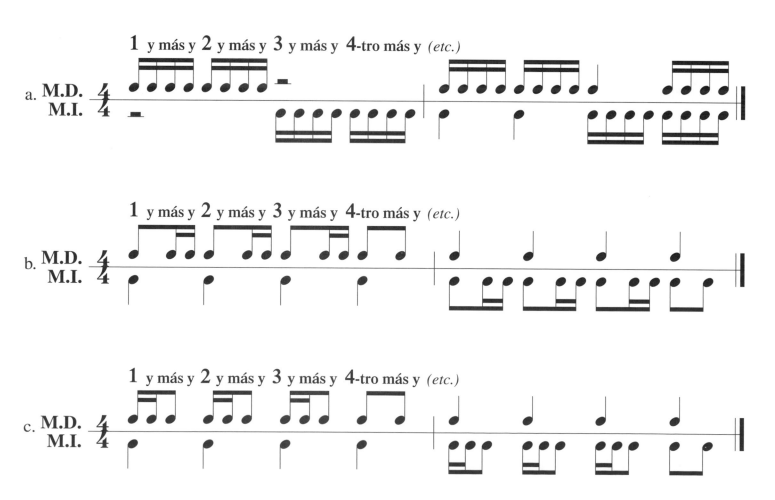

✋Técnica e interpretación, página 54 (Rompecabezas)

Escribe ritmos con semicorcheas

1. Escribe ritmos con **semicorcheas** en cada cuadro. Incluye patrones como estos:

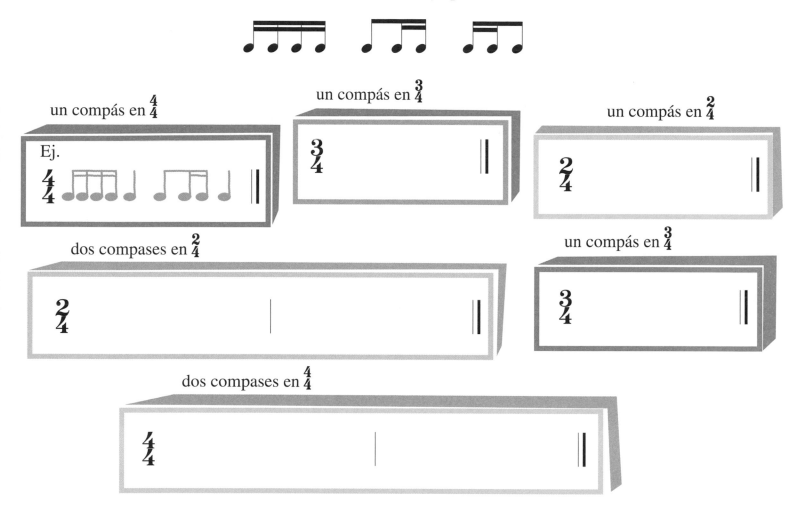

2. ¿Puedes marcar los ritmos que escribiste en la tapa cerrada del piano?

3. ENTRENAMIENTO AUDITIVO   Tu profesor tocará el **ejemplo a** o el **ejemplo b** en alguna tecla del piano. *Escucha* con atención y encierra en un círculo el ejemplo que oyes.

Punto extra: ¡Ahora tú serás el profesor! Marca el **ejemplo a** o el **ejemplo b** en la tapa cerrada del piano. ¿Encontró tu profesor la respuesta correcta?

Rabia por un centavo perdido

adaptación del Op. 129*

Tonalidad de ____ mayor

Pista: practica primero la M.D.
Fíjate en la digitación.

Ludwig van Beethoven
(1770-1827, Alemania)
adaptación

*Op. es la abreviatura de *opus* (obra).

Técnica e interpretación, página 55 (Caminata en escalas), página 56 (Adagio y Allegro)

 DESCUBRIMIENTO
Esta pieza está escrita en forma **A B A** (también llamada forma ternaria).
Marca las tres secciones en la partitura.

Analiza la armonía

- Toca estos acordes basados en la escala de DO mayor.
  Fíjate que los acordes de I, IV y V son **mayores**. Los acordes de ii, iii y vi son **menores**.

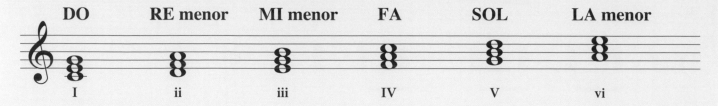

DO   RE menor   MI menor   FA   SOL   LA menor

I   ii   iii   IV   V   vi

- El *Canon de Pachelbel* se basa en la repetición de un patrón armónico de 4 compases:

DO   SOL   LA menor   MI menor   FA   DO   FA   SOL

I   V   vi   iii   IV   I   IV   V

El Canon de Pachelbel

- Nombra las inversiones que aparecen en la M.D. en los *compases 1-4*.

Johann Pachelbel
(1653-1706, Alemania)
adaptación

Andante ($\quad = 100$)

acordes: DO   SOL   LA menor   MI menor

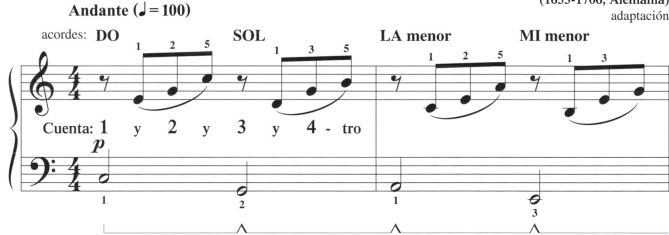

Cuenta: 1 y 2 y 3 y 4 - tro

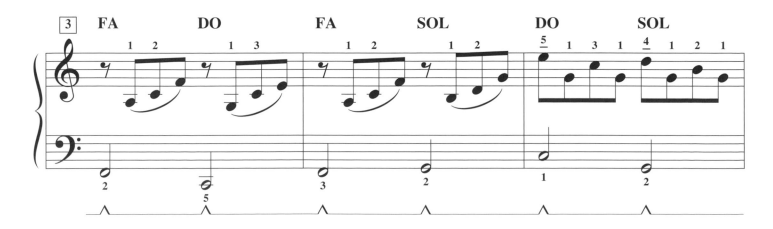

FA   DO   FA   SOL   DO   SOL

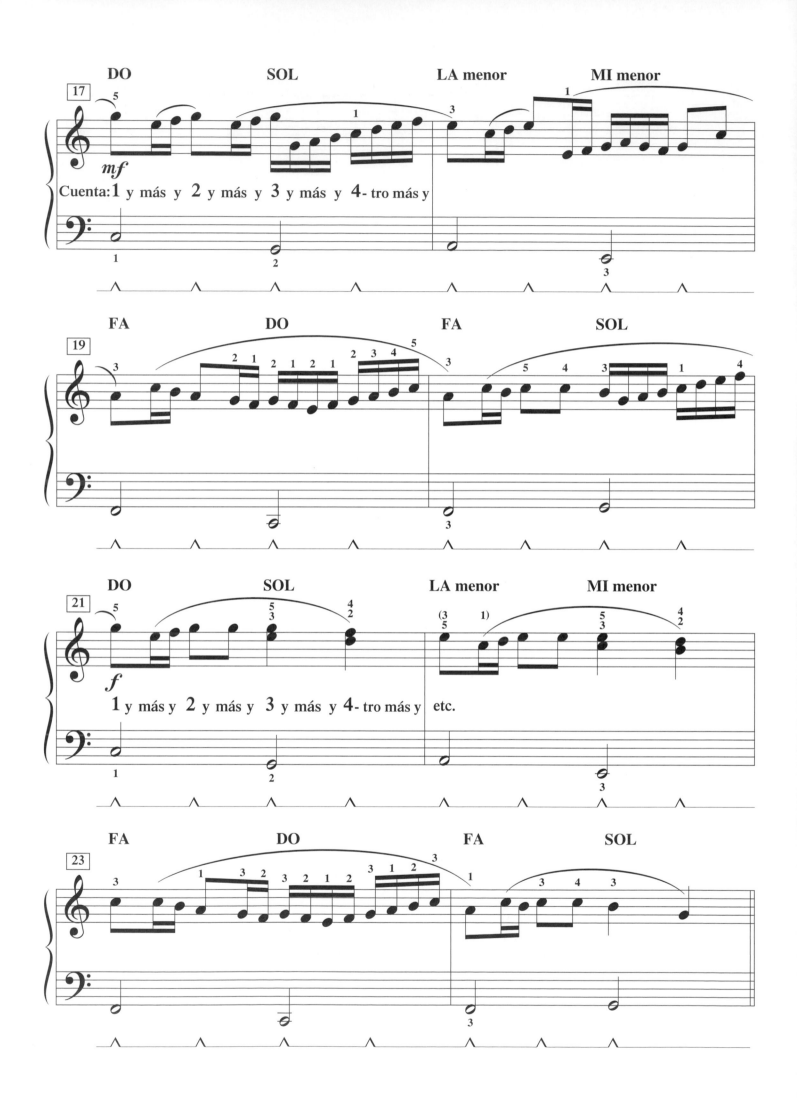

94

¿Puedes tocar la línea del bajo en los *compases 1-4* (M.I.) de memoria?

Certificado de mérito

FELICITACIONES A:

_____

(Escribe tu nombre)

Has terminado el

Nivel 5 de Piano Adventures®

y estás listo para el

Nivel 6 de Piano Adventures®

Profesor: _____

Fecha: _____